GOTTHEIT. ZEIT. UND ICH.
Zu Leben und Werk des hannoverschen Dichters Gerrit Engelke
1890—1918

VERÖFFENTLICHUNGEN
DER NIEDERSÄCHSISCHEN LANDESBIBLIOTHEK
HANNOVER
11

GOTTHEIT. ZEIT. UND ICH.

Zu Leben und Werk
des hannoverschen Dichters
Gerrit Engelke
1890—1918

Ausstellung und Katalog

MARTINE KLOSS

1990

VERLAG AUGUST LAX HILDESHEIM

Gefördert durch Forschungsmittel
des Landes Niedersachsen

CIP-Titelaufnahme der Deutschen Bibliothek

GOTTHEIT, ZEIT UND ICH: Zu Leben und Werk des hannoverschen Dichters Gerrit Engelke, 1890—1918; [die Ausstellung wird vom 19. Oktober bis 30. November 1990 in der Niedersächsischen Landesbibliothek gezeigt] / Ausstellung und Katalog: Martine Kloss. Hildesheim: Lax, 1990
  (Veröffentlichungen der Niedersächsischen Landesbibliothek Hannover; 11)
  ISBN 3-7848-3880-4
NE: Kloss, Martine; Niedersächsische Landesbibliothek ⟨Hannover⟩: Veröffentlichungen der Niedersächsischen...

Die Ausstellung wird vom
19. Oktober bis 30. November 1990
in der Niedersächsischen Landesbibliothek Hannover
gezeigt

© Niedersächsische Landesbibliothek Hannover

Inhaltsverzeichnis

Geleitwort VI
Anmerkungen zum Katalog VII
- A. I. „... die norddeutsche Art von Natur her ..." 1
- II. „... Vorstufen zu meiner Dichtung ..." 19
- III. „... ungereimte Reime ..." 28
- IV. Wege an die Öffentlichkeit 45
- V. „Die Werkleute auf Haus Nyland" 70
- VI. „Weibliebe ohne Erfüllung" 83
- VII. Der Dichter des Pantheismus 101
- VIII. „Rhythmus des neuen Europa" 117
- IX. „Kein Volk haßt das andere — ..." 132
- X. „Man redet kaum noch über ihn ..." 160
- B. Biographische Daten 172
- C. Das „neue Europa" 182
- D. Wohnorte Gerrit Engelkes, August 1910—Juni 1914 188
- E. Daten und Fakten zu Gerrit Engelkes Teilnahme am 1. Weltkrieg 1914—1918 189
- F. Bibliographie:
  - I. Primärliteratur: Gerrit-Engelke-Werke 193
  - II. Veröffentlichungen von Gedichten und Aufsätzen Gerrit Engelkes in Zeitungen und Zeitschriften 1913—1920 ... 193
  - III. Gedichte Gerrit Engelkes in Anthologien 196
  - IV. 1. Sekundärliteratur: Bücher und Broschüren über Gerrit Engelke 198
    2. Artikel aus Zeitungen und Zeitschriften über Gerrit Engelke 198
  - V. Literatur zum thematischen Umfeld 200
- G. Abbildungsnachweis/Copyright/Leihgeber 202

Geleitwort

Die Ausstellung zu Leben und Werk des hannoverschen Dichters Gerrit Engelke ist durch gemeinsame Bemühungen mehrerer Einrichtungen zustande gekommen. Die Gerrit-Engelke-Gedächtnis-Stiftung stellte in großzügiger Weise den Nachlaß zur Verfügung, die Stadtbibliothek Hannover gewährte Raum und einen Arbeitsplatz und ermöglichte so eine gründliche Durcharbeitung aller Materialien. Das Land Niedersachsen gab zu den Kosten des Katalogdrucks und der Ausstellung einen beachtlichen Zuschuß. Allen sei von dieser Stelle aus gedankt.

Der größte Dank freilich gebührt der Katalogbearbeiterin Frau Martine Kloss, die mit großem persönlichen Einsatz das Projekt über längere Zeit hin verfolgt und schließlich zum Abschluß geführt hat.

Die Ausstellung wäre trotz der Fülle von Materialien im Nachlaß nicht durchzuführen gewesen ohne die Leihgaben zahlreicher Bibliotheken, Firmen und Privatpersonen. Auch dieses sei hier dankbar anerkannt.

Dr. Wolfgang Dittrich

Anmerkungen zum Katalog

Der vorliegende Ausstellungskatalog wurde absichtlich besonders ausführlich mit Quellenangaben und Querverweisen versehen. Er soll auch nach dem Ende der Ausstellung ohne größere Umstände einen guten und detaillierten Überblick zum Leben und Werk von Gerrit Engelke bieten.

Gedichte und Zitate des Dichters, die nicht ausdrücklich mit Herkunftsangaben versehen sind, können ausschließlich dem in der Bibliographie (Kapitel I.) aufgeführten und von Hermann Blome herausgegebenen Gesamtwerk des Dichters entnommen werden. Weitere Herkunftsorte sind, soweit die Gedichte und Handschriften nicht abgedruckt im Katalog erscheinen, in jeweiligen Fußnoten aufgeführt.

Entgegen vieler sonstiger Veröffentlichungen über Gerrit Engelke, insbesondere in Zeitschriften, wurde hier versucht, alle genannten Fakten genau zu überprüfen, so daß Unstimmigkeiten mit Angaben anderer Autoren, sowie auch mit Angaben im Gesamtwerk, möglich wurden.

Die in den Fußnoten erscheinenden Abkürzungen GW und MORA bezeichnen das bereits erwähnte Gesamtwerk Gerrit Engelkes, sowie eine Biographie über den Dichter von Kurt Morawietz (vgl. Bibliographie: Kapitel IV, 1).

A.

I. „… die norddeutsche Art von Natur her …"

Gerrit Engelke wurde am 21. 10. 1890 in der Wörthstraße 45a, einem Hinterhaus im städtisch geprägten Stadtteil Vahrenwald, geboren. Über seine Kindheit, die er nur selten erwähnte, schrieb Gerrit Engelke einmal: „Ich habe keine glückliche Kindheit gehabt. Mit unserer Mutter, die früher vielen schweren Kummer hatte durch den Vater, litten wir Kinder, meine Schwester und ich."[1]

Seine wenigen Bekannten und Freunde schilderten ihn stets als einen verschlossenen, ruhigen, scheuen, wortkargen und zur Einsamkeit neigenden Menschen, der jedoch bei näherem gegenseitigen Kennenlernen durchaus offenherzig, mitteilungsbedürftig und lebhaft werden konnte. „In Bewegung und Wort war er von karger Einfachheit. Er liebte die Einsamkeit und wehrte alle Geselligkeit ab, die ihm nicht gemäß war. (…) Fremden gegenüber blieb Engelke meist stumm. Aber auch im Verkehr mit Bekannten, die außerhalb seiner Welt standen, kannte er keine Förmlichkeiten oder Zugeständnisse, und zuweilen gab er sich mit einer Herbheit, die Fremde abstieß."[2]

Dem Einsamen wurde zum einzigen Freund und Vertrauten seiner Kindheit und Jugend der Schulkamerad August Deppe († 1917). Erst 1910 gewann Gerrit Engelke in dem zehn Jahre älteren dänischen Studenten Martin Guldbrandsen (1883—1976) einen neuen Vertrauten auf Lebenszeit.

Gerrit Engelke selbst, der mütterlicher- wie väterlicherseits aus rein niederdeutschen Familien stammt, sah seine Kontaktschwierigkeiten zu anderen Menschen und seinen Hang zur Einsamkeit in seiner nordischen Wesensart und Herkunft begründet. Seiner späteren Braut Annie-Mai Siegfried schrieb er: „Es ist die norddeutsche Art von Natur her, daß die Zunge nicht sagen kann, was das Innere spricht."[3] Direkte charakterliche Verbindungen stellte er ausschließlich zur Mutter her: „So sehr ich äußerlich mein Vater bin, so sehr bin ich innerlich ganz und allein die Mutter, deren Sorgenkind ich immer gewesen, und nicht zu vergessen: ihr

---

1 Gerrit Engelke an die Braut Annie-Mai Siegfried. Brief vom 28. 1. 1918, GW 523f.
2 Jakob Kneip: Gerrit Engelke. In: Die Masken, 15. Jhrg., 1920, H. 8/9, S. 121.
3 Engelke an Annie-Mai Siegfried, Brief vom 22. 11. 1917.

heimlicher Stolz. Die Liebe zur Musik, alles slawisch allzu Weiche in mir, die Empfindlichkeit und das gute Herz habe ich von ihr."[4]

1. Großeltern Gerrit Engelkes väterlicherseits:
   Manilius Heinrich Theodor Engelke
   * Hooksiel/Oldenburg 13. 5. 1838, † Fedderwarden 3. 7. 1916
   Beruf: Klempnermeister und Postagent;
   Photographie

   Eta Maria Dorothea Engelke, geb. Blessmann
   * Hooksiel 11. 4. 1841, † Fedderwarden 29. 4. 1913
   Photographie

2. Friedrich Heinrich Meyer
   Großvater mütterlicherseits
   * Stade 18. 6. 1828, † Hannover 18. 4. 1881
   Beruf: Restaurateur
   Photographie

3. Auguste Sophie Meyer, geb. Wildführ
   Großmutter mütterlicherseits
   * Hannover 18. 1. 1830,† Hannover 27. 10. 1902
   Photographie

4. Der Vater Gerrit Engelkes: Louis Emil Engelke
   * Fedderwarden/Oldenburg 10. 5. 1869,† Kelso, Washington, USA 13. 2. 1931
   Beruf: Handlungsreisender.
   Photographie, o. J.

5. Die Mutter Gerrit Engelkes: Agnes Conradine Charlotte Engelke, geb. Meyer.
   * Hannover 18. 1. 1859,† Kelso, Washington, USA 12.—15. 11. 1952
   Photographie, ca. 1880

Agnes Conradine Charlotte Meyer, die den unehelichen Sohn Otto in die Ehe einbrachte, und Louis Emil Engelke wurden am 5. Juni 1890

---

4 Vgl. Anm. 1.

Abb. 1 / 2
Die Eltern Gerrit Engelkes:
Louis Emil Engelke und Agnes Conradine Charlotte Engelke, geb. Meyer.

in der Neustädter Kirche in Hannover von Pastor Mohr getraut.[5] *Zusammen betrieben sie ein Woll- und Weißwarengeschäft Ecke Vahrenwalder- und Göhrdestraße.*

6. Einwohnermeldekarte von Louis Engelke, Kaufmann.

Häufige Umzüge bestimmten das Leben der Familie Engelke. Jedoch befanden sich die wechselnden Wohnungen sämtlich im hannoverschen Stadtteil Vahrenwald (1890—1893 und 1895—1910) bzw. der Oststadt (1893—1895).

Mitte April 1901 verließ der Vater Louis Engelke nach anhaltenden Ehestreitigkeiten seine Familie und siedelte in die USA über. Agnes Engelke[6] *folgte ihrem Mann zusammen mit der Tochter Margarethe Mitte August 1910. Gerrit Engelke entschied sich für den Verbleib in Hannover.*

---

5 Eingetragen im Kirchenbuch (Trauungen 1885—1896), Blatt 89, Nr. 44, P. Mohr am 6. 6. 1890.
6 Der Vorname der Mutter Gerrit Engelkes ist auf der Einwohnermeldekarte mit Charlotte angegeben.

Soweit sich Engelkes Wohnorte nach August 1910 noch lokalisieren lassen, wohnte er auch nach der Umsiedlung seiner Familie in die USA bis zum Sommer 1914 zur Untermiete an ständig wechselnden Orten der Oststadt und Vahrenwalds[7].

7. Apostelkirche
   Photopostkarte, um 1900
   9,5 x 14 cm

8. Bescheinigung aus dem Verzeichnis der Getauften der evang.-luth. Kirchengemeinde, Apostelkirche in Hannover, für Gerriet Ernst Manilius Engelke.
   Jhrg: 1890 Seite 240 Nr.: 824

   Gerrit Engelke wurde am 26. 12. 1890 in der Apostelkirche auf den Namen Gerriet Ernst Manilius Engelke getauft. Weshalb er später ausschließlich den Vornamen Gerrit in Gebrauch hatte, ist nicht bekannt.

9. Gerrit Engelke und seine Schwester Margarethe (ca. um 1897)
   Photographie

   Die Photographie ist die früheste bis heute erhaltene Aufnahme Gerrit Engelkes. Mit der zwei Jahre jüngeren Schwester Margarethe (geb. am 31. 10. 1892) vertrug sich der nach eigener Aussage leicht jähzornige Gerrit nur sehr schlecht.

10. Bürgerschule Spittastraße, um 1900 (heutige Grundschule Alemannstraße)
    Photographie

---

7 Vgl. hierzu das Kapitel „Wohnorte Gerrit Engelkes August 1910—Juni 1914" in diesem Katalog.

Gerrit Engelke besuchte ausschließlich die Bürgerschule 49/50 für Knaben in der Spittastraße, in dessen Gebäude heute die Grundschule Alemannstraße anzutreffen ist.[8]

Der Zeitpunkt seiner Einschulung ist ungeklärt. Den Einschulungsbestimmungen nach hätte er spätestens 1897 eingeschult werden müssen. Eine siebenjährige Schulpflicht im Zusammenhang mit Engelkes Schulentlassung im Frühjahr 1905[9] *lassen jedoch vermuten, daß er aus gesundheitlichen Gründen für ein Jahr zurückgestellt worden war, so daß seine Einschulung erst 1898 erfolgte. Die Wiederholung eines Schuljahrs scheint unwahrscheinlich, da Gerrit ein guter Schüler gewesen sein soll.*[10]

Der frühere Direktor der Bürgerschule 49/50 und zeitweilige Lehrer Engelkes, Rektor Hahn, gibt eine Beschreibung des Schülers: „Gerrit war ein guter Schüler, und daß er nicht der beste war, lag an seinem schwankenden Gesundheitszustand. Nach Aussage der Mutter war G. Engelke ein Siebenmonatskind und infolgedessen in den Kinderjahren dauernd schwächlich (...). Er brütete oft träumerisch für sich hin und schien unaufmerksam; aber er hatte ein reiches innerliches Erleben; seine Sprache war langsam. (...) Gerrit Engelke besaß die Sympathie aller seiner Lehrer und hat während der ganzen Schulzeit wohl niemals irgendeine Schulstrafe erhalten. (...). Sein letztes Zeugnis, Ostern 1905, lautet: Betragen: Sehr gut; Fleiß: Befriedigend; Ordnung: Gut; Deutsch, schriftlich und mündlich: Gut; Raumlehre, Erdkunde, Geschichte: Gut; Zeichnen: Sehr gut. In allen anderen Fächern, außer Turnen: Befriedigend. Auf Grund dieses Zeugnisses hatte Gerrit Engelke von 56 Schülern den 7. Platz".[11]

11. Kind und Jugendlicher Gerrit Engelke, ca. 1900 und 1905.
    2 Photographien

---

8 Die Bürgerschule Spittastraße gliederte sich in die Bürgerschule 49/50 für Knaben und die Bürgerschule 51/52 für Mädchen. Sie wurde 1895 eingeweiht. Der Seitenflügel, in dem die Knaben unterrichtet wurden, ist bis heute erhalten geblieben.
9 Vgl. Hahn: Gerrit Engelke als Schüler. In: Volkswille 4. 11. 1928.
10 Sämtliche Angaben zur Schulzeit Gerrit Engelkes verdanke ich den genauen Recherchen von Frau Annelies Brader (Mitglied der Gerrit-Engelke-Gedächtnis-Stiftung e.V.). Ihr gilt deshalb an dieser Stelle mein Dank für ihre hilfreiche Unterstützung.
11 Vgl. Anm. 9.

Die Photographie des Jugendlichen entstand vermutlich im Jahr seines Schulabgangs. Engelke begann noch im gleichen Jahr eine Lehre als Anstreicher, die er 1908 mit der Gehilfenprüfung erfolgreich abschloß.

Abb. 3 / 4
Gerrit Engelke, ca. 1900 und 1905.

12. Blick über den Stadtteil Vahrenwald, um 1920
    Photographie (Luftaufnahme)

1871 wurde die Fabrik Continental-Caoutchouk und Guttapercha-Compagnie, im Volksmund kurz ‚Conti' genannt, gegründet. Der bis zu diesem Zeitpunkt dörflich geprägte Stadtteil Vahrenwald dehnte sich sehr rasch aus und bekam ein städtisches Aussehen. Er wurde am 1. 7. 1891 von der Stadt Hannover eingemeindet.

Die um 1920 entstandene Luftaufnahme zeigt im unteren Bildteil die Conti-Fabrik an der Vahrenwalder Straße, sowie am äußersten rechten unteren Bildrand einige Hinterhäuser und -höfe der parallel zur Vahrenwalder Straße liegenden Wörthstraße. Zu erkennen ist u. a. auch Engelkes Geburtshaus, das Hinterhaus Wörthstraße 45a.

13. Eingangstor der Firma Conti, mit Pförtner und Werksfeuerwehr.
    Photographie, um 1898.

Abb. 5
Eingangstor der Firma Continental Caoutchouk- und Guttapercha-Compagnie (Conti) mit Pförtner und Werksfeuerwehr in der Vahrenwalder Straße, um 1898.

Das direkt gegenüber der Werderstraße gelegene Eingangstor der Conti-Werke dürfte für Gerrit Engelke ein alltäglicher Anblick gewesen sein.[12]

14. Hannover, Bahnhofsstraße mit Blick auf den Ernst-August-Platz und Bahnhof.
Photographie, um 1912.

12 1897—1903 wohnte Gerrit Engelke in der Werderstraße 20.

Abb. 6
Hannover, Bahnhofstraße mit Blick auf Ernst-August-Platz und Bahnhof, um 1912.

15. Gerrit Engelke: Stadt, 17. 8. 1912
Gedicht

„Stadt" ist eines der ersten und zugleich besten Gedichte Gerrit Engelkes zum Thema Großstadt. In seiner unpersönlichen Aufreihung von Dingen und menschlichen Geschicken, weder verurteilend noch geschönt, gibt er die in ihrer Gesamtheit unfaßbaren, lauten, schnellen und vielseitigen Impulse des Treibens und Getriebenwerdens einer labyrinthischen Großstadt umfassend und treffend wieder.

Direktes Vorbild für die erste Strophe des Gedichts könnte der gerade in der Entstehung begriffene Verwaltungs-Neubau der Conti-Werke an der Vahrenwalderstraße gewesen sein, während die zweite Strophe sich insgesamt auf Großstadt Hannover bezieht. Gerrit Engelke entdeckte die Stadt nach und nach mit seinen Freunden August Deppe und Martin Guldbrandsen bei Spaziergängen bzw. bei der Arbeit als Anstreicher.

16. Gerrit Engelke an die Eltern
    Brief vom 10. 12. 1910 mit Unkostenaufstellung.

Nach der endgültigen Übersiedlung seiner Eltern in die USA im Jahr 1910 befand sich Gerrit Engelke, der inzwischen als Malergeselle bei verschiedenen Betrieben abwechselnd in Lohn stand, nun fast ohne Familie in Hannover. Durch saisonbedingte Arbeitslosigkeit, Ausgaben für Bücher und eine Vorliebe für Süßigkeiten, litt er fast ständig unter Geldmangel. In zahlreichen Briefen bat er seine Eltern um Geld, erhielt dieses aber nur über seinen Stiefbruder Otto, der, inzwischen verheiratet, ebenfalls in Hannover verblieben war.

17. Selbstporträt mit Pfeife.
    Bleistift, Sign.: G/E/1910.
    36,4 x 29,0 cm.

18. Gerrit Engelke: Meine Bücher
    Deckblatt und Inhaltsverzeichnis aus einem selbstgefertigten
    Verzeichnis über Bücher aus seinem Besitz. (insgesamt 43 braune Pergamentblätter, z. T. mit Jugendstilornamentik
    illustriert, 22,8 x 15 cm).

Seine Freizeit widmete Gerrit Engelke u. a. ausgiebig der Literatur. Trotz ständiger finanzieller Not besaß er zeitweise eine Bibliothek von ca. 400 Büchern, mit z. T. kostspieligen Ausgaben. Sein Lesehunger beschränkte sich weder auf eine bestimmte Epoche oder Gattung noch auf eine Nationalität. So weist sein Bücherverzeichnis neben deutscher, französischer, englischer und amerikanischer Literatur aus Vergangenheit und Gegenwart auch lateinische und griechische Klassiker bis hin zu arabischer, japanischer und hebräischer Literatur auf, um nur einige Beispiele zu nennen.

Aus finanzieller Not verkaufte Engelke bereits im Winter 1911 einen offensichtlich nicht unerheblichen Teil seiner Bibliothek wieder. Er erhielt 115,— M.[13]

---

13 Noch in den sechziger Jahren existierte ein Restbestand der ehemaligen Engelke-Bibliothek, über dessen Verbleib heute leider niemand mehr Auskunft geben kann.

Abb. 7
Gerrit Engelke: Meine Bücher.
Deckblatt eines auf Pergament selbstgefertigten Verzeichnisses seiner Bücher.

Das 40 Pergamentblätter umfassende, mit ornamentalem Schmuck sorgfältig verzierte Bücherverzeichnis wurde ab 1912, vermutlich sehr bald nach dem Verkauf der Bücher, nicht mehr weitergeführt.

Gerrit Engelke gehörte ebenfalls zu den Besuchern der hannoverschen Stadtbibliothek, die sich in dem 1889 neu errichteten Gebäude des Kestner-Museums befand.

19. F. M. Dostojewski: Die Sanfte.

Dostojewskis „Die Sanfte" ist heute das einzig erhaltene Buch aus dem Besitz Gerrit Engelkes. Es wurde 1959 von der Gerrit-Engelke-Gedächtnis-Stiftung angekauft. Im rückwärtigen Buchdeckel befinden sich Aufzeichnungen von der Hand Engelkes zu seinem im Sommer 1914 in Dänemark begonnen Romanfragment „Don Juan". Sie geben das Ende des 4. Kapitels (1. Buch) wieder.[14]

20. Dante: Werke
   Neu übertragen und erläutert von Richard Zoozmann. Leipzig 1909

Die gleiche Ausgabe der Dante-Werke befand sich in Gerrit Engelkes Bibliothek. Besonders zugetan war der Hannoveraner der ‚Göttlichen Komödie', d. h. der geistigen Reise Dantes zum „höchsten Punkt (Gott)".[15]

21. PAN
   Zweite Hälfte des dritten Jahrgangs. Drittes und
   viertes Heft, November 1897—April 1898, Berlin)
   Mit selbstgefertigter Zeichenschablone.

Vorliegende Ausgabe der Kunstzeitschrift PAN stammt aus dem Besitz Gerrit Engelkes. Sie enthält eine von Engelkes Hand angefertigte Zeichenschablone mit Jugendstilornamentik.

---

14 Gerrit Engelke: Rhythmus des neuen Europa. Das Gesamtwerk. Hrsg.: Hermann Blome (im folgenden als GW zitiert), S. 262f. (ab: „Seitenstraße taumelte ..." bis zum Ende des Kapitels).
15 Vgl. GW 214f.

Über das kulturelle Zeitgeschehen informierte sich Engelke durch das Lesen zahlreicher Zeitschriften wie z. B. „Kunst und Künstler", und „Kunst und Dekoration". Starke Eindrücke gewann er auch aus der von 1910—12 regelmäßig gelesenen Zeitschrift „Licht und Schatten".

22. GOTTHEIT. ZEIT. UND ICH. Merkungen-Meinungen, 1912
Tagebuchnotiz von Gerrit Engelke, Seite 1

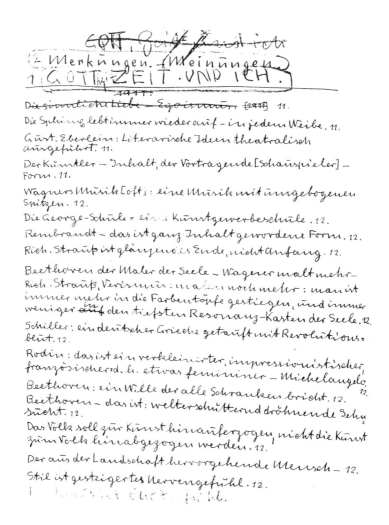

Seine aus der Beschäftigung mit Literatur, Kunst und Musik gewonnenen Eindrücke und Erkenntnisse kommentierte Gerrit Engelke ab 1911 in zahlreichen Notizen. Er vereinigte diese in der Form eines Tagebuchs, dem er den Titel „GOTTHEIT. ZEIT. UND ICH. Merkungen und Meinungen" gab.

Dieses Tagebuch ist heute das wichtigste Nachlaß-Dokument von der Hand des hannoverschen Dichters in bezug auf die direkte Auseinandersetzung mit Kunstanschauungen.

Nach und nach verarbeitete Engelke in seinen z. T. programmatischen Äußerungen Gelesenes und Erfahrenes zu eigenen Kunst- und Dichtungstheorien. So lassen sich anhand der Notizen nicht nur Vorlieben für bestimmte Künstler ablesen; vielmehr manifestiert sich in ihnen Engelkes Wille zur Erneuerung bestehender Kunstziele und Kunstformen nach einem durch Industrialisierung hervorgerufenen neuen Weltgefühl.[16]

Bemerkenswert ist, daß Engelke bereits sehr früh seine kunsttheoretischen Standpunkte entwickelte und sie trotz späterer häufiger Diskussionen mit Freunden nicht mehr änderte.

Aus den an dieser Stelle angeführten Notizen geht Engelkes Vorliebe für die Musik Ludwig van Beethovens deutlich hervor.

Die Herabwürdigung der George-Schule zur „Kunstgewerbeschule" deckt sich mit Engelkes Ablehnung von Künstlerästheten: „Kunst aus Kunst (man wird wissen, was ich meine): „Kunst aus Kunst ist Inzucht! (Wenn nicht gar mitunter Inzest) — lebensunkräftige Kinder werden geboren."[17]

23. Gerrit Engelke: Beethoven, 9. 9. 1912
Gedichthandschrift

Nichts liebte Gerrit Engelke mehr als die Musik. Wann immer es seine finanziellen Möglichkeiten erlaubten, war er ein eifriger Besucher von Konzerten. Noch am 2. Weihnachtstag 1917, nachdem er schon drei

---

16 Zu Engelkes Kunsttheorien und deren Parallelen zu zeitgenössischen vergleichbaren Neuerungsbestrebungen vgl. Kapitel VIII: „Rhythmus des neuen Europa" in diesem Katalog.
17 GOTTHEIT. ZEIT. UND ICH. Merkungen und Meinungen. Tagebuchnotizen 1914, GW 219.

Jahre vom Geschehen des 1. Weltkrieges festgehalten wurde, schrieb Gerrit Engelke in einem Brief: „Wann kann ich mich einmal recht wieder an Musik berauschen — wann die Alten, die ich so schätze, Rameau, Boccherini, Gluck ... wieder hören? (...) Ich liebe nichts mehr als Musik, und danach: das Meer, das Weib — die Grenzenlosen."[18]

Am meisten war Gerrit Engelke jedoch Ludwig van Beethoven zugetan, und das, nach Aussage seines Schullehrers, Rektor Hahn, bereits von Kindheit an.[19] Einen „Weltentöneschichter" nannte Engelke den Komponisten und war fasziniert von Beethovens Vermögen der Gestaltung des Ur-Weltlichen. Sowohl in seinem Gedicht „Beethoven" als auch in den Versen „Der Töneschichter" schildert Engelke, wie Beethoven erst teilhaftig wird am „Urgebraus", dieses in sich aufnimmt, standhaft und stark aushaltend es wiedergibt und schließlich in ein Nichts fällt. In den Augen Engelkes vermochte Beethoven das, was die Aufgabe eines jeden richtigen Künstlers sein sollte: ein Mittler zu sein zwischen Welt=Ur-Welt und Mensch.

24. Gerrit Engelke: Beethoven
    Federzeichnung, o. J.

25. Gerrit Engelke: Der Töneschichter, 11. 9. 1912
    Gedicht

26. Gerrit Engelke: Konzertszene III: Geiger am Notenpult, Pianistin am Konzertflügel, Publikum angedeutet
    Zeichnung auf der Rückseite von: Männerkopf (vermutl. Selbstporträt Engelkes), Schwarzstift, Sign.: G.E.08, 18,2 x 13,4 cm.

27. Ankündigungszettel der „Königlichen Schauspiele"
    Sondervorstellungen in der Zeit vom 26. 5.—4. 6. 1912.

---

18 Brief von Gerrit Engelke an Annie-Mai Siegfried vom 2. Weihnachtstag 1917. GW 507.
19 Vgl. Anm. 9.

Beethoven

Es traf mein Ohr ein Machtposaunenton,
Ich sprang zu dem was meine Sinne hörten:
Es war als wenn wo Saurushirsche röhrten,
Es war so seltsamgroßer Grollerton —
   Da stand Er! stand ein Mann auf höchster Spitze
Da blies Er, mächtig, mächtig wie voll Zorn
Vom lichtgehüllten Donnerwolkensitze, —
   Mein Hirn war ob des Wunders ganz verworren —
Ich lag mit offenem Munde
Am tiefen, tiefen Grunde —
Der Ton noch dicker quoll und schwoll und schwoll:
Mein Grund fing langsam an zu wanken,
Der Wolkenmensch dort oben blies wie toll,
Ein Zittern hob des Berges Flanken
   Und schwarze Wolken krallten sich hochoben fest
Und Sturm begann am Fels zu wühlen,
Als wollte er den Mann
Von seiner Riesenkanzel spülen,
Und alles Licht ward jäh vom Dunkel fortgepreßt
Und drohend rührten sich die Donnertrommeln
   Doch fest stand hoch der Weltentönerichter:
   Er brüllte rasendlauter durch den Trichter —
Noch grauser schwoll das finstre Rommeln —
Der Riese aber blies —

        seine Seele frei

Da brach am Berg der erste Donnerkrach
Und ein Blitz sprang ihm nach
  Und hieb
  Den Mann vom Felsen!
Die Tuba sprang
Der Himmel sprang
Das Allgeschrei in Nacht ertrank – –
  Ich weiß nicht mehr wo alles blieb –

9.9.12. G. E.

Abb. 8
Gerrit Engelke: Beethoven. Federzeichnung, o. J.

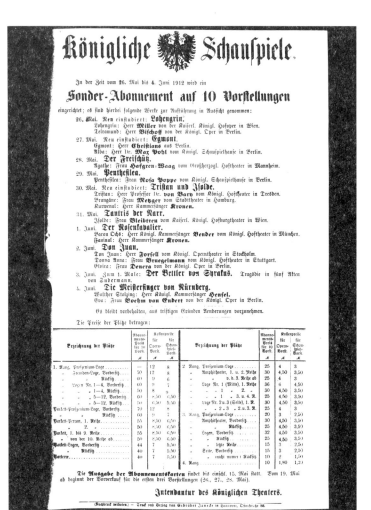

Abb. 9
Ankündigungszettel der „Königlichen Schauspiele", Hannover.
Sondervorstellungen in der Zeit vom 26. 5.—4. 6. 1912.

Neben Konzertbesuchen galt Engelkes Interesse ebenfalls dem hannoverschen Theatergeschehen. Einem Brief an seine Mutter vom 15. 6. 1912 ist zu entnehmen, daß er, trotz hoher Eintrittspreise, zusammen mit seinen Freunden August Deppe und Martin Guldbrandsen einige der zehn Sondervorstellungen der „Königlichen Schauspiele" in der Zeit vom 26. 5.—4. 6. 1912 besucht hatte. Neben „Lohengrin", „Egmont", „Tristan und Isolde" und dem „Rosenkavalier" sah Engelke u. a. Mozarts Oper „Don Juan" („Don Giovannie").

28. Hannover: Theaterplatz mit Opernhaus, um 1910
Photographie

II. „… Vorstufe zu meiner Dichtung …"

„Rückhaltloses Lob erntete er häufig für seine vorzüglichen Zeichnungen", heißt es in der Beschreibung der künstlerischen Fertigkeiten des Schülers Gerrit Engelke durch seinen Lehrer, Rektor Hahn[20]. Engelkes tiefe aber weitgehend passiv bleibende Liebe zur Musik wurde für lange Zeit durch die aktive Ausübung auf dem Gebiet des Zeichnens und der Malerei ergänzt[21]. Nach Beendigung der Schulzeit im Jahre 1905, während er in der Ausbildung zum Anstreichergehilfen stand, besuchte Gerrit Engelke Mal- und Zeichenkurse der hannoverschen Werkkunstschule[22]. Zwei Preise, mit denen er von der Schule ausgezeichnet wurde, bestärkten ihn lange Zeit in seinem Vorhaben, Kunstmaler oder gewerblicher Zeichner zu werden. Erst Anfang 1912 fiel seine Entscheidung zugunsten der Dichtkunst. Die

---

20 ebd.
21 Von den bis heute noch erhaltenen Bildern sind die frühesten auf das Jahr 1907 datiert, das späteste auf 1914. Aus Briefen des Hannoveraners ist jedoch bekannt, daß er noch während des 1. Weltkriegs sporadisch zum Zeichenstift griff.
22 Die ehemalige Werkkunstschule (inzwischen Fachhochschule für Bildende Künste) befand sich im Bereich zwischen dem heutigen Intercontinentalhotel und dem Laveshaus, d. h. an der Leinstraße. Ein zur alten Stadtmauer gehörender angrenzender Turm diente der damaligen Werkkunstschule als zusätzlicher Unterrichtsraum. In diesen Turm war zu Ehren des Schülers Gerrit Engelke ein Gedenkstein eingelassen, der nun auf einer kleinen Rasenfläche neben dem Hotelkomplex seinen Platz gefunden hat.

bis dahin hochgeschätzte Malerei wurde zur „Ornamenterei" und „Vorstufe zu meiner Dichtung"[23] degradiert.

Insgesamt 46 Zeichnungen, Drucke und andere malerische Versuche befinden sich heute noch im Archiv der Gerrit-Engelke-Gedächtnis-Stiftung in Hannover. Zwei weitere Ölgemälde sind in den Händen von Privatbesitzern.

Wieviel von Engelkes malerischem Werk verlorengegangen ist, kann heute nicht mehr ermittelt werden. Jedoch geht aus einigen Briefen des Hannoveraners hervor, daß er von Zeit zu Zeit Bilder an Freunde und Bekannte verschenkte.

29. Hausmusik, 1907
    Öl
    49 x 66 cm
    Privatbesitz[24]

Das Bild mit dem Titel ‚Hausmusik' ist eines von zwei Ölgemälden, die von dem Maler Engelke bislang bekannt und erhalten geblieben sind. Gerrit Engelke verschenkte das Bild 1911 in der Türkstraße 7 aI an seine damalige Vermieterin. Es befindet sich seither im Familienbesitz.

Verläßliche Angaben zum Ursprung des abgebildeten Motivs sind leider nicht möglich. Es liegt jedoch nahe, daß der musikliebende Maler eine abendliche Zusammenkunft bei Verwandten, dem Freund August Deppe oder im eigenen Zuhause zum Vorbild genommen hat.

Das zweite, undatierte Ölgemälde von der Hand Gerrit Engelkes hat den um die Jahrhundertwende äußerst populären ‚röhrenden Hirschen' zum Motiv. Dieses, entgegen Engelkes sonstiger präziser Arbeitsweise, sehr oberflächlich ausgeführte Auftragswerk war für den Maler eine ihm offensichtlich widerstrebende Aufgabe.

30. John Ruskin: Vorlesungen über Kunst
    Aus dem Englischen von Hedda Moeller-Bruck. Leipzig o. J. (1909)

---

[23] Gerrit Engelke an Frau Rody (Frau des „Werkleiters" der Literaturzeitschrift „Quadriga. Vierteljahresschrift der Werkleute auf Haus Nyland" und Bürgermeisters des Städtchens Niederlahnstein, Theodor Rody). Brief vom 19. 4. 1915, GW 407 f.
[24] Falls nicht ausdrücklich angegeben, befinden sich die Blätter Gerrit Engelkes im Besitz der Gerrit-Engelke-Gedächtnis-Stiftung, Hannover.

Abb. 10
Gerrit Engelke: Hausmusik, Ölgemälde, 1907.

Das vorliegende Werk des Kunstkritikers John Ruskin (1819—1900), gehörte ebenso zu Engelkes Bibliothek, wie die „Ästhetischen Schriften" des Buchkünstlers, Dichters, Sozialisten und Ruskin-Freundes William Morris (1834—1896)[25]. Beide Engländer gelten heute als die Wegbereiter der europäischen Jugendstilbewegung in der bildenden Kunst.

John Ruskin hielt seine „Vorlesungen über Kunst" vor den Studenten der Universität Oxford während seiner Lehrtätigkeit in den Jahren 1870—1875.

---

25 Gerrit Engelke: Meine Bücher. Blatt 19: John Ruskin: Vorlesungen über Kunst. William Morris: Ästhetische Schriften.

31. Blatt mit vier Ornamenten und einem Schmetterling
Siebdruck, Ohne Sign.
41,9 x 32,0 cm.

Die, der Herstellungstechnik nach zu urteilen, vermutlich im Verlauf eines Kurses in der hannoverschen Werkkunstschule entstandene Übung gehört zu insgesamt ca. zwölf noch im Gerrit-Engelke-Nachlaß vorhandenen Blättern, die sich an Formen des Jugendstils orientieren. Die Datierung einiger der überwiegend undatierten Blätter auf das Jahr 1907, sowie das Erscheinungsjahr 1904 der von Engelke gelesenen ‚Vorlesungen' von John Ruskin lassen vermuten, daß Gerrit Engelke sich gleich zu Beginn seiner intensiven Beschäftigung mit der bildenden Kunst mit der Jugenstilbewegung auseinandersetzte.

32. Blatt mit vier Ornamenten und einem Eichenblatt
Siebdruck, Sign.: Engelke, o. J., Eichenblatt: koloriert,
41,9 x 31,6 cm

33. Stilisiertes Fabelwesen (Löwe mit Flügeln) mit aufgeschlagenem Buch und aufgelegten Goldblättchen.
Tusche, ohne Sign., o. J.
39,4 x 23,0 cm (aufgezogen auf Karton: 48,0 x 33,0 cm).

Der zusammengekauerte geflügelte Löwe hält in seinen Krallen ein Buch mit der Aufschrift „PAXTIE/MARC/EVAN/ELIST/MEVS". Er ist eingebettet in Jugendstilornamentik.

34. Mann im Königsornat mit Krone, Insignien und Inschrift
Tusche mit aufgelegten Goldblättchen, o. Sign., o. J.
33,4 x 25,4 cm

35. Pflanze in Blau-Weiß (Eichenblätter)
Kreide, Sign.: G. Engelke 18. 10. 07
37,9 x 28,2 cm (auf Karton: 40,9 x 30,9 cm).

Pflanzen und Blätter gehörten insbesondere zu den ornamentalen Motiven des Jugendstils, welche auch vielfach als Buchschmuck

Abb. 11
Gerrit Engelke: Pflanze in Blau-Weiß (Eichenblätter), Kreidezeichnung, 1907.

eingesetzt wurden. Entlehnt sind diese Motive den Psaltern, Missalien, Horenbüchern und Chroniken des Mittelalters, die oft prächtig mit Umrahmungen z. T. aus Gold geschmückt waren. Diese Umrahmungen waren anfangs rein phantastischer Art, wurden aber nach und nach äußerst realistisch.

Engelkes „Pflanze in Blau-Weiß", sowie das „Eichenlaub in Blau-Weiß als Ornament" erinnern stark an den Buchschmuck des berühmten spätmittelalterlichen „Brevier Grimanis" des flämischen Malers Hans Memling (1433—1494). Hans Memling gehörte zu den Vorbildern des von Gerrit Engelke gelesenen Engländers William Morris[26].

36. Eichenlaub in Blau-Weiß als Ornament
    Kreide, ohne Sign.
    46,1 x 33,3 cm

37. Vogel
    Tusche und Kreide, Sign.: G. Engelke 8. 11. 07
    39,3 x 31,3 cm.

Vor allem Vögel waren Gerrit Engelke eine beliebte Vorlage für kleinere Studien: „Ich erinnere mich genau, daß unser reichhaltiger Vogelschrank ihm zeitweise zahlreiche Modelle für Bleistift-, Kohle- und Tuschezeichnungen geliefert hat."[27]

Die aus dem Jahr 1907, also nach Beendigung der Schulzeit stammenden Vogel-Studien[28], *entstanden nach Vorbildern der Naturkundeabteilung des Provinzialmuseums der Stadt Hannover.*

38. Hahnenskelett
    Öl, Sign.: G. Engelke 08.
    42,0 x 29,3 cm (aufgezogen auf Karton: 48,2 x 40,0 cm).

---

26 Vgl. Kommentar zu Nr. 30 in diesem Kapitel.
27 Vgl. Anm. 9.
28 Insgesamt befinden sich heute noch sechs Vogel-Studien im Besitz der Gerrit-Engelke-Gedächtnis-Stiftung e. V.

39. Bastflasche mit Weinglas
   Aquarell, Sign.: G. Engelke 08
   37,0 x 31,3 cm

Die Abendstunden nach getaner Arbeit als Anstreichergehilfe verbrachte Gerrit Engelke auch zu Hause oft mit Malen und Zeichnen. Neben zahlreichen Selbstporträts entstanden Darstellungen von Innenräumen und Stilleben, die stets beliebige häusliche Gegenstände aus dem Alltag darstellten. Fast alle dieser Übungen sind äußerst präzise ausgeführt. Es ist deshalb zu vermuten, daß sie als Hausarbeiten für die Werkkunstschule gefertigt wurden.

40. Ringer
   Kohle, Sign.: G.E. 08
   39,5 x 31,3 cm,
   Mit handschriftlich Anmerkung: „May"

Vom Jahre 1908 an ist eine Abwendung Gerrit Engelkes von der rein ornamental geprägten Jugendstilmalerei zu beobachten.

Es entstehen nun bis 1911 — teils als Porträt, teils als Aktstudien — eine Anzahl von Menschendarstellungen, welche Engelke dem Vorbild möglichst naturgetreu nachempfand.

Während der überwiegende Teil der Studien im Verlauf der abendlichen Unterrichtsstunden in der hannoverschen Werkkunstschule nach lebenden Modellen gefertigt wurde, erinnert das Ringerpaar eher an die Wiedergabe eines bereits vorhandenen Kunstwerks, wie z.B. Figuren einer Plastik.

Die Anmerkung „May" auf der Rückseite der Kohlezeichnung spricht dafür, daß Gerrit Engelke die „Ringer" seiner späteren Braut Annie-Mai Siegfried geschenkt hat.

41. Männlicher Akt, Vorderansicht,
   Kohle und Kreide, Sign.: G.E. 09
   53,2 x 33,3 cm

42. „Ausblick vom Fenster der Kunstgewerbeschule Hannover K."
   (handschriftlich auf der Rückseite des Blattes)

Abb. 12
Gerrit Engelke: Ringer, Kohle, 1908.

Am Knappenort (heute: Intercontinental-Hotel, Hannover).
Aquarell, Sign.: G/E/1911
33,1 x 26,7 cm.

Das erst 1911 entstandene Aquarell ist ein Indiz dafür, daß Gerrit Engelke noch immer die Kurse der Werkkunstschule besuchte, in die er bereits kurz nach Beendigung seiner Schulzeit 1905 eingetreten war. Kurze Zeit später dürfte Engelke jedoch seine Kursbesuche eingestellt haben, da er sich spätestens ab Anfang 1912 intensiv der Dichtkunst zuwandte.

43. Selbstportrait Engelkes
 Öl, ohne Sign., o. J.
 Rückseite: Ausschnitt eines Bildnisses von Jünglingen.

44. Gerrit Engelke an Martin Guldbrandsen
 Brief vom 20. 4. 1914

Am 20. 4. 1914 kaufte das hannoversche Kestner-Museum 70 Zeichnungen von Gerrit Engelke an, für die er schließlich 350,— M erhielt. Sämtliche Werke wurden 1943 vollständig vernichtet. Lediglich von acht Zeichnungen sind Photoplatten erhalten.

Da Engelke sicherlich nur solche Blätter verkaufte, die er selbst für gut hielt, kann davon ausgegangen werden, daß sich heute im Archiv der Gerrit-Engelke-Gedächtnis-Stiftung e.V. nur der qualitativ minderwertigere Teil seiner Bilder befindet.

Der Verkaufserlös von 350,— M ermöglichte es Gerrit Engelke, im Mai des gleichen Jahres eine Einladung von einem der Dichter der „Werkleute auf Haus Nyland"[29], Jakob Kneip (1881—1958), auf das Schloß Oranienstein in Diez an der Lahn („Mühlchen") anzunehmen, sowie im August nach Dänemark zu seinem Freund Martin Guldbrandsen zu reisen.

---

29 Vgl. Kapitel IV: „Die Werkleute auf Haus Nyland".

III. „Ungereimte Reime"

Im September 1910 schrieb Gerrit Engelke sein erstes Gedicht, dem bald eine Anzahl weiterer Dichtungen folgten.

Fast alle dieser ersten literarischen Versuche blieben bis heute unveröffentlicht. Diese Tatsache trug rezeptionsgeschichtlich nicht unwesentlich dazu bei, daß der Beginn von Gerrit Engelkes dichterischer Tätigkeit in der Vergangenheit oftmals auf die zweite Hälfte des Jahres 1912, dem Entstehungsjahr einiger seiner bekanntesten Großstadtgedichte oder gar auf das Frühjahr 1913 datiert wurde[30].

Doch schon die ersten aus den Quellen eigener Anschauung und Gefühle entstandenen Gedichte des Hannoveraners weisen in Ansätzen thematisch wie auch sprachlich wesentliche Eigentümlichkeiten seiner späteren Dichtung auf.

Da gibt es Nachtgedichte, in denen nach Erlösung von den Tagesqualen gesucht wird, sehnsuchtsvolle Liebesgedichte, die von den Zeiten einer vergangenen Liebe sprechen, sowie Kunst- und Künstlergedichte. Wortgefüge wie „Staub- und Grabvergessenheit"[31] oder „Eisenlenden" und „Modergrab"[32] gehören zu den Anfängen einer Artikulationsweise, mittels derer Engelke in den späteren Jahren seinen Gedanken eine hohe Bildkraft verlieh.

Neben der gebräuchlichen Gedichtform des Sonettes bevorzugte Gerrit Engelke bereits in seinen ersten Gedichten freie Verse, die er selbst, noch verunsichert über die Richtigkeit ihres Gebrauchs, „... ungereimte Reime ..." nannte[33].

Erst 1912, fast eineinhalb Jahre nach der Niederschrift seines ersten Gedichts, erteilte Gerrit Engelke der Malerei eine endgültige Absage und entschied sich für einen literarischen Werdegang[34]:

„Noch 1911 scheint es so, als gewinne der Maler in ihm vor dem Dichter

---

30 Am 26. 2. 1913 schrieb Gerrit Engelke den entscheidenden Brief an den Dichter Richard Dehmel (1863—1920), der ihm erste Veröffentlichungen in Zeitschriften einbrachte. Vgl. Kapitel IV: Wege an die Öffentlichkeit, Nr. 65.
31 Engelke: Matthias Grünewald, 1. 1. 1912 und 24. 1. 1914.
32 Engelke: Hans Holbein, 13. 12. 1911 und 22. 7. 1912.
33 Engelke an Martin Guldbrandsen, Brief vom 20. 11. 1910, Nr. 48 in diesem Kapitel.
34 Noch im Dez. 1911 plante Engelke zusammen mit seinem Freund Martin Guldbrandsen die Einrichtung einer eigenen Malerwerkstatt. Vgl. Engelke an die Mutter, Brief vom 7. 12. 1911.

den Vorrang. Eine Weile schwankenden Tastens noch — inzwischen bewirbt er sich um die Stelle eines kunstgewerblichen Zeichners in Berlin —, dann geht der Maler endgültig in dem sich seiner Bestimmung innewerdenden Dichter auf."[35]

45. Gerrit Engelke: (Nachtgesänge:) Nacht I, Sept. 1910
Gedichthandschrift

Anfang September bis Anfang Oktober 1910 arbeitete Gerrit Engelke für einige Wochen bei einem Maler in dem Dorf Brasse bei Neustadt am Rübenberge[36]. Hier entstand in den letzten Septembertagen sein erstes Gedicht: „Nacht/ (Eine Hymne)". Wohl kein anderes Motiv hat den hannoverschen Dichter häufiger beschäftigt als dasjenige der Nacht. Allein bis zum September 1911, noch bevor Gerrit Engelke die Malerei fast vollkommen aufgab, entstanden insgesamt fünf Gedichte in sich ähnelnden Versionen zu diesem Thema[37]. Als „Liebende" und „Geliebte", so wie sie in Engelkes erstem Gedicht personifiziert wird, ist die Nacht Befreierin von den Qualen eines Tages und „Quelle aller Wunderdinge"[38]. Sie als einzige ermöglicht es der menschlichen Seele, die Alltäglichkeit zu verlassen, um in die prächtige Sphäre eines unendlichen Horizonts, „ins Urgebraus[39], frei von irdischer Schwere, einzutreten.[40]

Nachtlied

Mein Herz will in die Nacht hinaus,
Dem Rieselsilber-Stern entgegen —
Will taumeln hoch in's Urgebraus,
In tiefgeheimes summend' Regen.

---

35 Hermann Blome: GW 19.
36 Nach Angaben des dänischen Freundes Martin Guldbrandsen hatte Gerrit Engelke fluchtartig seine Heimatstadt verlassen, nachdem die Freundschaft zu seiner Jugendliebe Helene Kiem endgültig in die Brüche gegangen war.
37 Zugänglich sind heute noch 15 Gedichte zum Thema Nacht. Sie sind teilweise im Gesamtwerk (GW) abgedruckt oder befinden sich im Besitz der Gerrit-Engelke-Gedächtnis-Stiftung e. V.
38 Engelke: Das fünfte Nahtgedicht, 17. 9. 1911.
39 Engelke: Nacht IV, 23. 7. 1911.
40 Zur „Nacht"-Thematik bei Engelke und dessen Parallelen zur zeitgenössischen Dichtung vgl. Kapitel VI: Der Dichter des Pantheismus.

Nacht / (Eine Hymne)   (I)

O/ Große Nacht /
Die Du dich legst
Auf die Herzen /
Gleich köstlichem Balsam /
Und Unsere Augen sättigest
Mit blauer Tiefe /
Komm hernieder /
Und senke die tiefen Schatten
Deines dunklen Gemütes auf Uns –
  O / Nacht /

O / Große Nacht /
Vor deiner Mächtigkeit und Fülle
Errötet die Sonne / und sinkt
Hinter die fernen Wälder hinab /
Und herauf steigest Du –
In aller Deiner Majestät
Und Trächtigkeit
Und sterndurchwirkten Pracht /
  O / Nacht /

O/ Große Nacht /
Alles wird ruhig –
Vor Deiner tiefdunklen Ruhe / –
Und alle Leuchten verlöschen –
Vor Deinem sich öffnenden Auge –
Dem silberstrotzenden Mond /
Dem stummen Allwisser
Und Seher, aller Deiner
Blauen Köstlichkeiten /
O / Nacht /

O / Große Nacht /
Mit sinkender Sonne, wird leiser
Und leiser – / die Syrinx Pans – –
Und ferner – / und verstummt
Mit purpurnem Ton / – – –
Nun legt sich der Wandrer
Zur Ruhe / und deinen berauschenden
Schlaf / senkest Du reichlich herab
Über Uns – und Alles –
Mit allen Deinen tausend
Weichen Händen /
O / Nacht /

– O/ Große Nacht/   III)
Die Du weitest, das Herz des
Einsamen/
Und es erfüllest, mit
Tiefem Blut/
Und dem quellenden Reichtum
Des Gefühls/
Die Du Ihn und Alles, umfängst/
Gleich wie eine Liebende/
Den Geliebten –/ gelobet seist Du
———— O/ Nacht/ ————
O/ Große Nacht/
Du Flügeldeckende aller Liebe/
Der Liebe, die Du weckhest;
Du Inbrunst aller Liebe/
Die Du immer ernst und würdig
Verhüllest Alles / alle Liebe und
Alles Süßerliche /
Den Bösen mitleidsvoll
Mit Schatten überkleidest
Den Horizont unendlich machest
Und Uns befreiest von irdischer
Schwere/
Und meine Seele weitest,
Und mein Herz licht machest,
Ich liebe Dich,
    O/ Nacht/
 – Sela –

                    gewidmet
                    Angelus
                  Sept. 1910.

Abb. 13
Gerrit Engelke: Nachtgesicht, Weißstift und Kohle, 1911.

Mein Herz ist müdeschwer und wund
Von Lärm und starrer Tagesqual —
Es will o Nacht an deinen Mund
Aus dieser Erde rauhem Tal.

Mein Herz will in die Nacht hinaus —
Und ist doch schwer im Tal gebunden,
Nur dunkles Sehnen schwingt heraus —
Bald nah'n des Tages harte Stunden.[41]

46. Gerrit Engelke an Martin Guldbrandsen
    Brief vom 1. 10. 1910[42]

Zusammen mit dem vorliegenden Brief erhielt der dänische Freund Martin Guldbrandsen Gerrit Engelkes erstes Gedicht „Nacht/(Eine Hymne)", mit der Bitte, es ansonsten niemandem zugänglich zu machen.

47. Nachtgesicht, 1911
    (Vermerk: Frau)

48. Gerrit Engelke an Martin Guldbrandsen
    Brief vom 20. 11. 1910[43]

Am 20. 11. 1910 schrieb Engelke erneut an seinen Freund Martin Guldbrandsen und sandte ihm mit folgendem Kommentar sein zweites Gedicht[44]*: „Dein Urteil über mein sogenanntes ‚Gedicht' steht auch noch aus. Inliegend* **ein zweites. Wahrscheinlich und hoffentlich das letzte!!** *Solche Spielereien soll man sich abgewöhnen! Dann glaube ich auch, daß Dir wohl das letzte Verständnisgefühl für diese ‚ungereimten Reime' — für diese Prosagedichte — abgeht."*

---

41 Originalhandschrift im Archiv der Gerrit-Engelke-Gedächtnis-Stiftung e. V., Hannover.
42 Kurt Morawietz: „Mich aber schone, Tod." Gerrit Engelke 1890—1918 Hannover 1979 (im Folgenden abgekürzt als MORA), S. 348 (Faks.-Abdruck).
43 Archiv der Gerrit-Engelke-Gedächtnis-Stiftung e. V., Hannover.
44 Vgl. „Enttäuschung", Nov.(?) 1910, Kapitel VI: „Weibliebe ohne Erfüllung", Nr. 120.

49. Gerrit Engelke: Trennung, 1. 7. 1911
 (mit handschriftl. Anm. von Engelke: „Erstes Sonett!")
 Gedichthandschrift

Inhaltlich beschäftigt sich das Gedicht, wie sehr viele Verse aus den Sommermonaten des Jahres 1911, mit dem Thema der verlorenen Liebe. Noch immer hatte Gerrit Engelke eine im Herbst 1910 erfolgte Trennung von seiner Jugendfreundin Helene Kiem nicht überwunden und verarbeitete diese Erfahrung in zahlreichen Gedichten[45].

Bemerkenswert ist — was Engelke in seiner handschriftlichen Anmerkung selbst hervorhebt —, daß es sein erstes in der Gedichtform des Sonettes geschriebenes Werk ist. Vermutlich war Gerrit Engelke den Ratschlägen seines Freundes Martin Guldbrandsen gefolgt, der ihn immer wieder dazu aufforderte, seinen Gedichten feste Rhythmen zu verleihen.[46]

In späteren Dichtungen des Hannoveraners ist diese Gedichtform jedoch nicht mehr zu finden. Vielmehr wird sie in seinem Tagebuch „GOTTHEIT. ZEIT. UND ICH. Merkungen und Meinungen." (1914) zum Mittelpunkt der eigenen Kritik.[47]

50. Mädchenprofil von rechts
 Bleistift und weiße Kreide, Sign.: G.E.07
 19,1 x 16,6 cm
 (Anmerkung handschriftlich auf der Rückseite: Gretchen oder Helene Kiehm).

Das Porträt stellt Engelkes Jugendfreundin und spätere Jugendliebe Helene Kiem oder deren Schwester Grete dar. Insbesondere nach der Übersiedlung seiner Mutter mit der Schwester in die USA im Jahr 1910 war Gerrit Engelke ein häufiger Gast der Familie Kiem. Da die

---

45 Martin Guldbrandsen behauptete gar, daß erst die durch diese Jugendfreundschaft gemachten Erfahrungen Gerrit Engelke zum Dichten veranlaßt hätten. Vgl.: Martin Guldbrandsen: Gerrit Engelke, wie ich ihn kannte — Der Mensch hinter dem Dichter. Unveröffentlichtes Manuskript, Okt. 1966, S. 87: „Von Anfang an habe ich jederzeit behauptet, dass Kiem den Dichter in Gerrit erweckte ...".
46 ebd., S. 24: „'Du musst die Technik der Verskunst und die Kunst des Wortes lernen, um in Versen und Rhythmus Ausdruck für alles zu finden, was in Deinem Ich lebt und sich bewegt.'"
47 Vgl. Kapitel VIII: Rhythmus des neuen Europa, Nr. 170.

Trennung.

Ich zürne mit schwerem Herzen dem Schicksal,
Denn meines Herzens Liebe ist fern,
Sie, die Leuchte mir war und Stern
Und in Stunden des Dürstens ein Quieksal.

Ich hadere, murre mit Gott und dem Teufel
Und murre und hadere mit mir —
Und Trennungsqualen, ein zerfleischend Tier,
Rieseln ins Herz mir ihr schmerzhaft Geträufel.

Wär doch solch bittre Trennung vorüber,
Daß mein Herz wieder aufatmen mag
Und mit tiefster Freud' sich erfüllet

Und dem Heil der Zufriedenheit darüber
Daß wie an Unsrer Gemeinschaft erstem Tag
Doch stärker und neuer Unsre Liebe quillt!

Erstes Sonnet!

G. E. 1. Juli 11.

Mutter von Helene Kiem ebenso wie Engelkes Mutter den Geburtsnamen Meyer trug, liegt die Vermutung nahe, daß ein verwandtschaftliches Verhältnis zwischen Gerrit und Helene bestand.[48]

Abb. 14
Hannover, Klagesmarkt, um 1893.

51. Klagesmarkt, um 1893
Photographie

Jahrelang hieß die Adresse der Familie Kiem Klagesmarkt 21. Für die Dauer seiner Freundschaft mit Helene Kiem ließ Engelke, der des öfteren umzog, seine Post, vor allem diejenige der Eltern aus Amerika,

---

48 Vgl. Adreßbuch Stadt- und Geschäfts-Handbuch der königlichen Haupt- und Residenzstadt Hannover, der Stadt Linden, sowie der Ortschaften Döhren-Waldhausen und Ricklingen. 1910. Eine genaue Überprüfung der verwandtschaftlichen Verhältnisse zwischen Familie Engelke und Familie Kiem steht noch aus.

an diese Adresse gehen. Manchen Abend verbrachte Gerrit Engelke, der ebenfalls mit dem Bruder von Helene Kiem befreundet war, im Kreis der Familie Kiem und unterhielt diese mit dem Vorlesen literarischer Werke.

52. Gerrit Engelke: Träumerei
    Faksimilisierter Gedichtausschnitt. Georgengarten 18. 6. 1911.
    In: Hermann Blome: Gerrit Engelke und Hannover.
    Hannover 1956, S. 20.

Vom 13. Juni bis zum 23. Juli 1911 schrieb Gerrit Engelke erstmals intensiv an einer Reihe von insgesamt 15 Gedichten.

Der bevorzugte Ort des naturliebenden Hannoveraners, um über Worte für seine Verse zu nachzusinnen, war eine Bank im Georgengarten nahe der Augustenbrücke. Bereits in den Zeiten seiner malerischen Tätigkeit waren in dieser Umgebung mehrere Bilder entstanden.

Das Gedicht „Träumerei", von dem noch am gleichen Tag eine zweite Fassung entstand, beschreibt direkt den sensitiven Eindruck der Umgebung auf den Dichter. Es ist sein erstes reines Natur- und Stimmungsgedicht.

53. Hannover, Partie im Georgengarten
    Postkarte vom 16. 10. 1903 (Poststempel)
    8,8 x 13,6 cm

54. Augustenbrücke
    Jugendstilpostkarte vom 4. 2. 1998 (Poststempel)
    9,1 x 13,6 cm

55. Gerrit Engelke: Lied, 27. 10. 1911
    Melodie in Moll, 27. 10. 1911[49]
    Gedichthandschrift, geschrieben von Martin Guldbrandsen

---

[49] Beide Gedichte blieben bislang unveröffentlicht. Sie befinden sich im Archiv der Gerrit-Engelke-Gedächtnis-Stiftung e. V., Hannover.

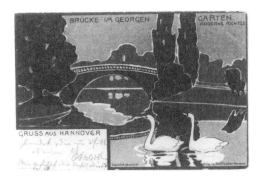

Abb. 15
Hannover: Augustenbrücke im Georgengarten, Jugendstilpostkarte, 1899.

Neben dem Schul- und Jugendfreund August Deppe bekam vor allem der Freund Martin Guldbrandsen von Gerrit Engelke die Aufgabe der Gedichtkritik und -korrektur zugedacht, war er doch derjenige, der den bisherigen Maler und Zeichner immer wieder zur dichterischen Tätigkeit gedrängt hatte[50]. Die Gedichte „Lied" und „Melodie in Moll" diktierte Engelke seinem dänischen Freund in der Nacht nach einem Konzertbesuch.[51]

56. Gerrit Engelke: Matthias Grünewald, 1. 1. 1912 und 24. 1. 1914
   Gedichthandschrift

Bestimmte Mitte 1911 die Erfahrung der verlorenen Liebe die Themen seiner Lyrik in besonderem Maße, so wandte sich Gerrit Engelke um die Jahreswende 1911/12 den Kunstgedichten zu. Neben „Matthias Grünewald" entstanden im gleichen Zeitraum noch die Gedichte „Hans Holbein (Totentanz)"[52] und „Dürers ‚Melancholie'"[53].

---

50 Vgl.: Martin Guldbrandsen: Gerrit Engelke, wie ich ihn kannte — Der Mensch hinter dem Dichter. Unveröffentlichtes Manuskript, Okt. 1966, S. 22.
51 ebd., S. 65.
52 Gedichthandschrift, Gerrit-Engelke-Gedächtnis-Stiftung e. V., Hannover.
53 MORA 352 (Faks.-Abdruck).

Alle drei Gedichte, die wiederum die Form des Sonettes tragen, zeugen von Engelkes starken kunsthistorischen Interessen und Kenntnissen. In „Matthias Grünewald" setzt sich Engelke sowohl mit der Rezeptionsgeschichte des Künstlers, seinem Werk — d. h. insbesondere dem Isenheimer Altar —, als auch mit der menschlichen Seite Grünewalds auseinander.

Der Gedanke, die persönliche Beschäftigung mit einzelnen Kunstgattungen und Künstlern in die eigene künstlerische Betätigung einfließen zu lassen, ist für Engelkes Werk durchaus nicht neu. So lassen sich unter seinen Bildern Beispiele wie die Zeichnung des vielbewunderten und verehrten Komponisten Ludwig van Beethoven (o. J.) oder diejenige des Dichters Heinrich Heine (1908) finden.

Matthias Grünewald

Wir wissen nichts von dir und deiner Zeit,
Doch glühst du auf in jähen Blutgoldstrahlen
In deinem Werk am Thron der Kathedralen
Hervor aus Staub- und Grabvergessenheit.

Des Gottermenschen Not und Kreuzesleid
Und Sankt Antonens schwüle Höllenqualen,
Das konnte keiner so wie du uns malen,
Mit heißem Blut aus Zwang und heißem Streit.

Du hast im Zweifel selbst mit Gott gerungen,
Mit dir, und mit Dämonen ohne Zahl:
Und hast im Glauben dich und sie bezwungen.

Entrückt vom selgen Geist dem Erdetal,
Kannst du hinauf wo tausend Engel rungen,
Erlöst zum Traum in Gottes goldnen Saal.

1.1.12.
2 4.1.14. G. E.

57. Heinrich Heine
   Bleistift, Sign.: G.E.08
   26,9 x 16,6 cm[54]

58. Gerrit Engelkes an Frau Rody
   Ausschnitt aus einem Brief vom 19. 4. 1915

Spätestens Mitte 1912 entschied sich Gerrit Engelke offensichtlich endgültig für die Dichtkunst. An seine Mutter schreibt er: „Im übrigen hat sich bei mir aus dem Maler ein Schriftsteller entpuppt."[55]

Daß seine Entscheidung richtig war, zeigt sich in dem hier vorliegenden Brief an Frau Rody[56]*, die Gerrit Engelke 1914 bei dem Besuch seines Freundes Jakob Kneip (Dichter, 1881—1958) kennengelernt hatte. Gerrit Engelke schreibt u. a.: „Die Zeichnungen sind weiblich-weich (was mich oft mißstimmte) — die Gedichte aber sind männlich-blutstark. Sie allein haben (nach meiner Meinung) die Zukunft; denn sie wurzeln nicht wie die Zeichnungen in stillstehender Erinnnerung (Vergangenheit), sondern entspingen aus der Gegenwart, aus fortschreitender Wirklichkeit und blicken damit auch in die Zukunft."*[57]

59. Gerrit Engelke: So soll, 5. 5. 1912[58]
   Gedicht-Faksimile

Mit „So soll" griff Gerrit Engelke im Frühjahr 1912 thematisch erstmals das wesentliche Anliegen seines späteren literarischen Gesamtwerks auf. In seinem Appell an die gesamte Menschheit fordert er die Erhebung über alle nichtigen Alltäglichkeiten und die Verbrüderung aller Individuen miteinander. Die Menschheit zu dieser Verbrüderung zu bewegen und damit die „neuere Welt" zu ermöglichen, sieht er von nun an als das höchste Ziel des Dichters. Am 9. 7.

---

54 MORA S. 36 (Die angegebene Jahreszahl 1918 ist falsch.)
55 Engelke an seine Mutter, Brief vom 15. 6. 1912.
56 Frau des „Werkleiters" der Literaturzeitschrift „Quadriga. Vierteljahresschrift der Werkleute auf Haus Nyland" und Bürgermeisters des Städtchens Niederlahnstein, Theodor Rody.
57 GW 408.
58 MORA 353 (Faksimile-Abdruck).

1915 schreibt an einen Freund: „Meine bisherige Dichtung besonders dient dem Frieden, der Menschenbrüderlichkeit."⁵⁹

Vor allem die letzte Strophe des Gedichts erinnert an Verse späterer Jahre, wie beispielsweise diejenigen des Gedichts „An die Soldaten des großen Krieges"⁶⁰ oder „Mensch zu Mensch (19. 10. 1913)"; in letzterem heißt es gleich zu Anfang:
„Menschen, Menschen alle, streckt die Hände
Über Meere, Wälder in die Welt zur Einigkeit!"

60. Die Rede des Dichters vom Berge, 8. 9. 1912
    Gedichthandschrift

Kein anderes Gedicht des Hannoveraners beschreibt anschaulicher das Wesen des Außenseiters „Dichter" mit all seinen Eigenschaften und seine „Verkünder"-Position innerhalb des weltlichen Geschehens. Es wird deutlich, daß Engelke die Dichtung nicht als einen reinen Zeitvertreib ansieht, sondern als eine ihm auferlegte bitterernste Aufgabe.

Die Rolle des Dichters — als „Sprachrohr", „Seher" und „Künder", der „die Welt in Worte zwingen" will, aber trotzdem oder gerade deshalb im Denken und in seinem Sein keiner zeitlichen und räumlichen Beschränkung unterliegt —, so wie Gerrit Engelke sie fast überheblich beschreibt, erinnert an Friedrich Nietzsches „Zarathustra"⁶¹. Auch Engelke, der Dichter, steht auf einem Berg, befindet sich nahe der Sonne, läßt aber seine Gedanken hinab in das Häusertal: „Ich presse Hirn als Blut aus meinen Brüsten, Es sickert rot in Euer Häusertal, …". Tatsächlich gehörte Nietzsches „Zarathustra" zu Engelkes Bibliothek und wurde von ihm mit seinem Freund Martin Guldbrandsen, wie überhaupt von der gesamten deutschen Jugend seiner Zeit, intensiv in Gesprächen reflektiert.

61. Selbstporträt von Gerrit Engelke, mit Pfeife
    Bleistiftzeichnung, Sign.: G.E. 31. 12. 12
    24,5 x 15,6 cm

---

59 Gerrit Engelke an Jakob Kneip, Brief vom 9. 7. 1915.
60 Vgl. Kapitel IX: „… kein Volk haßt das andere —…", Nr. 205.
61 Vgl. Friedrich Nietzsche: Also sprach Zarathustra. Vorrede, Kapitel 2 und 3.

Die Rede des Dichters vom Berge:

Ich bin das Sprachrohr und die Lärmtrompete,
Der brunstgequälte Künder aller Dinge:
Vom Mensch- und Muschelkeim bis Nacht und Lethe,
Vom Rabelschacht bis hoch zur Vogelschwinge.
　Ich bin ein Greis und bin ein Kind,
Der Zukunft ahnungsvoller Seher —
Und doch im AllesRausche blind,
Bin Priester und bin Leierdreher.
　Ich stapfe hoch im Gipfelfirn
Und will die Welt in Worte zwingen —
Muß wieder beugen meine Stirn
Und muß im Hof zur Orgel singen.
　Ich bin verstählter Mann wie weiches Weib:
Im Gattungsrausch ich zeuge und gebäre,
Und Weiberbrüste sind an meinem Leib,
Aus denen ich mit Blut euch nähre:
　So steh ich hier auf diesem Berge
(Mir ist, daß mich jetzt Sonnen selber küßten)
Und sehe dich du starrig Volk wie Zwerge:
　Ich presse Hirn als Blut aus meinen Brüsten,
Es sickert rot in Euer Häusertal,
Ich locke gell: nun trinkt! nun trinkt
Von meinem Blut von meiner Lust und Qual!
Vom schweren Sang den ich euch schuf,
Der wie ein „Feuer!-Feuer!-Ruf"
Verworren durch eure Gassen hinkt.

Abb. 16
Gerrit Engelke: Selbstporträt mit Pfeife, Bleistiftzeichnung, 1912.

IV. Wege an die Öffentlichkeit

Trotz ständiger Geldsorgen hatte sich Gerrit Engelke spätestens im September 1912 für die Dichtkunst als seinen „Beruf" entschieden: „(...) mein Weg ist unumstößlich fest. Es gibt zwei Wege: (da eine entschiedene Trennung nun doch einmal nötig ist) praktisch arbeiten und später selbständig werden — oder — Kunst. Ohne Besinnen kommt für mich das zweite in Betracht. Nur!"[62]

Sein Entschluß zwang ihn, den Schritt an die Öffentlichkeit zu wagen, um endlich finanzielle Unabhängigkeit von dem verhaßten Malerberuf und den ständigen Geldsendungen aus den USA durch die Eltern zu erlangen.

Engelke erfuhr von der Gründung der „Kleist-Stiftung", einer Stiftung zur Unterstützung junger begabter aber mittelloser Dichter. Mitbegründer und Präsident der Stiftung war der Dichter Richard Dehmel (1863—1920), dessen Gesamtwerk Gerrit Engelke kannte und schätzte.

Dehmel, der Anfang des 20. Jahrhunderts in den Mittelpunkt des literarischen Lebens in Deutschland trat, fühlte sich stark für die Förderung der heranwachsenen literarischen Jugend verantwortlich. Gleich Arno Holz (1863—1929) und Walt Whitman (1819—1892) erkannte er die Notwendigkeit und Aufgabe, der dichterischen Neugestaltung einer sich rapide verändernden Welt. Während der autobiographisch geprägte Teil seines Werkes das Problem der Diskrepanz des einsamen Menschen zu der ihn umgebenden Welt behandelt, veranschaulichen seine Großstadtgedichte die vielfältigen Phänomen dieser „neuen" immer unüberschaubarer werdenden technisierten Welt. Als adäquates Ausdrucksmittel verwendet er bislang unüblich freie, dem jeweiligen Gegenstand seiner Dichtung angepaßte, Versrhythmen. Aufgrund seiner gegenwartsbetonten Themen- und Formwahl wurde er zum Vorbild der Generation des literarischen Expressionismus.

Am 26. 2. 1913 richtete Engelke einen ersten Brief an Richard Dehmel und war bereits Anfang März 1913 zu Gast bei dem Ehepaar Dehmel in Hamburg-Blankenese. Die für Engelkes literarischen Werdegang entscheidenden Ergebnisse dieser ersten Begegnung dokumentiert ein bis heute lückenlos erhaltener Briefwechsel zwischen Richard Dehmel, dem expressionistischen Dichter Paul Zech (1881—1946) und Gerrit Engelke.

---

62 Engelke an die Mutter, Brief vom 1. 9. 1912.

62. Richard Dehmel: Gesammelte Werke in zehn Bänden. Fischer Verlag 1906—1909.

Zur 400 Bücher umfassenden Bibliothek Gerrit Engelkes gehörten auch die „Gesammelten Werke" Richard Dehmels.
Vor allem Dehmels „Zwei Menschen", ein „Roman in Romanzen", der als Höhepunkt seines bisherigen Schaffens galt, sprach den Hannoveraner von den überwiegend autobiographisch gehaltenen Werken am meisten an. Er diente Engelke 1914 als Vorlage für sein Romanfragment „Don Juan".[63]

63. Rundschreiben der Kleist-Stiftung e. V.
Berlin, im Mai 1912

In der Nacht vom 6. zum 7. März 1912 wurde in Berlin im Café Austria, Potsdamer Straße 28, die „Kleist-Stiftung e.V." gegründet. Im Gründungsaufruf aus dem Nov. 1911 heißt es zu den Zielen der nach dem Dichter Heinrich von Kleist benannten Stiftung:
„(...) nie wieder soll ein Genie unseres Volkes durch Mitschuld einer stumpfen Umgebung ein gleiches Schicksal erleiden, wie es den Unvergleichlichen mit ungehemmter Rauheit erfaßt und in der Vollkraft gefällt hat. (...) Wir wollen zum Gedächtnis des Dichters eine Kleist-Stiftung ins Leben rufen, die ringende poetische Talente durch rechtzeitige Hilfe davor bewahren soll, im Lebenskampf unterzugehen."
Der Stiftung eigen war ein besonderer Modus zur Auswahl der jährlich benannten Preisträger. Ein „Kunstrat"[64] *wählte jede 12 Monate einen „Vertrauensmann". Diesem allein stand die Wahl des Dichters zu, den er der Unterstützung für würdig hielt. Auf diese Weise sollte einer Entscheidung vorgebeugt werden, die bei einer Wahl durch das Kollektiv allzu leicht nur Durchschnittsbegabungen berücksichtigt. Zum „Vertrauensmann" des Jahres 1912 wurde Richard Dehmel gewählt.*

---

63 Vgl. Kapitel VI: „Weibliebe ohne Erfüllung", Nr. 113/114.
64 Dem Kunstrat des Gründungsjahrgangs gehörten an: Richard Dehmel, Moritz Heimann, Artur Eloesser, S. Fischer, Jakob Schaffner, Monty Jacobs, Alfred Kerr und Hans Kyser.

Gerrit Engelke erfuhr bereits 1912 durch Zeitungen von der Gründung der Stiftung und den ersten Preisverleihungen. Doch war er zu diesem Zeitpunkt noch immer nicht restlos von seiner Bestimmung zum Dichter überzeugt.

64. Richard Dehmel, 1912
   Photographie

Abb. 17
Richard Dehmel, 1912.

65. Gerrit Engelke an Richard Dehmel
    Brief vom 26. 2. 1913

Im Februar 1913 faßte Engelke den Entschluß, Richard Dehmel in Hamburg-Blankenese aufzusuchen. In einem Brief an die Eltern schreibt er: „Statt eines langen Briefes dies ‚Paket' (nämlich Gedichte). Ich denke, in der nächsten Zeit zu dem Vorsitzenden (dem ‚Allgewaltigen') der Kleist-Stiftung (einer Stiftung für ‚ringende Talente') nach Hamburg zu fahren. Ich werde wieder schreiben, wenn ich bestimmtes melden kann. (Ziemlich Hoffnung, etwas zu erreichen, habe ich.) Meine Gedichte (das heißt, nur solche, die ich als gültig werte) sind auf 105 angewachsen. (Meine heimliche Freude.) Der Dezember war bis jetzt mein bester Monat überhaupt: ich habe 25 Gedichte geschrieben, also jeden Tag (mitunter auch Nacht eins) und nichts Schlechtes, wie es nicht verwunderlich wäre dazwischen, im Gegenteil: einige meiner besten überhaupt."[65]

Eine Antwort Richard Dehmels auf den Brief des Hannoveraners erfolgte sehr schnell. Schon Anfang März 1913 traf Gerrit Engelke zu einem ersten Besuch bei Richard Dehmel in Blankenese ein.

66. Eingangsportal des Hauses von Richard Dehmel in Blankenese, um 1920
    Photographie

1912 bezog Richard Dehmel, der Anfang des 20. Jahrhundert von Berlin nach Hamburg-Blankenese übergesiedelt war, das Haus in der Westerstrasse 6[66]. *Das Eingangsportal und die bis heute vollständig erhaltene Inneneinrichtung, so wie auch Gerrit Engelke sie gekannt haben dürfte, entstanden nach Entwürfen des Malers, Zeichners, Architekten, Kunstgewerbler und Dehmel-Freundes Peter Behrens (1868—1940).*

---

65 Gerrit Engelke: Vermächtnis. 1937, S. 203.
66 Heute: Dehmel-Haus, Richard-Dehmel-Straße 1.

Hannover d. 26.2.13.

Sehr geehrter Herr Dehmel!

Ich las in den Zeitungen von der Gründung der Kleist-Stiftung und später von der Verteilung der ersten Preise.
Geehrter Herr Dehmel, ich nähre bei mir eine heimliche Hoffnung: die, vielleicht auch einmal von dieser Stiftung unterstützt zu werden –
Erlauben Sie, daß ich mich Ihnen vorstelle und meine Lebensumstände, so kurz es geht, mitteile:
Mein Name: Gerrit Engelke. Ich bin zu Hannover geboren und lebe im 23. Jahr. Ich lernte in der Bürgerschule, und später bei einem Malermeister. [Ich muß hier zwischenmerken: daß

meine Eltern, durch besondere Umstände veranlaßt, seit längerer Zeit, meine Mutter seit mehreren Jahren, mein Vater schon seit etwa 10 Jahren, in Amerika wohnen und dort eine Speisewirtschaft betreiben.] Ich besuchte einige Winter, [die arbeitslosen Zeiten des Malers], die hannoversche Kunstgewerbe-Schule und brachte es zu guten Schularbeiten und zwei Preisen. Im Hause zeichnete ich freilich mehr wie in der Schule. Ich zeichnete [wie auch jetzt noch manchmal], ganz eigene, merkwürdige Phantasien, die ich heute „unbewußte Musik" nenne.

Vor drei Jahren im Okt. schrieb ich mein erstes Gedicht. Im andern Monat schrieb ich zwei, dann drei – u.s.w. Von da ab steigerten sich die schriftlichen Äußerungen bis zu einer Höchstzahl von etwa 22 Gedichten, die im letzten Dezember geschrieben sind.

Ich habe bis jetzt etwa 110 Gedichte geschrieben, das heißt: nur solche gerechnet, die ich als gültig werte. Ich habe ein kleineres, zusammenhängendes Gedichtwerk, dann ein „Tragisches Gedicht" in dramatischer Form, und ein großes Epos angefangen. —

Arbeit mehr wie viel — aber wenig Zeit.

Viele Gedichte sind während der mechanischen, gewohnten Arbeit geschrieben, die meisten aber in den arbeitslosen Zeiten, von denen ich, zu meinem Glück, selbst im Sommer genug hatte.

Der Zwiespalt, die Unvereinlichkeit gleichzeitiger körperlicher und geistiger Arbeit wurde mit der wachsenden Zeit immer fühlbarer und endlich unerträglich — es geht nicht mehr.

Und das Ding, welches freie Zeit schafft, und lebendig erhält:

Ich besitze kein Geld, ich lebe von

meinem erarbeiteten Gelde von Woche
zu Woche. In den arbeitslosen Zeiten
sahen, [und sehen auch jetzt wieder],
meine Lebensumstände sehr schlecht
aus. [Daß ich öfter arbeitslos war, wie
mancher Berufsgenosse, können Sie
sich, geehrter Herr Dehmel, wohl vor-
stellen, [mein Kopf war ja fast wie bei
der Arbeit]. Ich habe mitunter kleine
Unterstützungen von meinen Eltern
erhalten – sie können mir jetzt aber
Nichts mehr schicken, denn sie müssen
für ihr nicht mehr fernes Alter sorgen.
Vor einiger Zeit hatte ich von meinem
wenigen Geld Gedicht-Abschriften
anfertigen lassen, die ich an verschied.
Zeitschriften sandte: Jugend, Simpl.,
Licht u. Schatten, Sturm, Zukunft. Ich
hatte wohl gehofft, daß hier oder da etwas
genommen würde – aber nichts ist genommen. — Also auch keine Duka-
ten-Quelle —
Und doch möchte, müßte ich mit meiner

Streicharbeit, gerade jetzt wo es zum
Sommer geht, brechen —

Meine Bitte, sehr geehrter Herr Dehmel:
Würden Sie erlauben, daß ich Ihnen,
in einer von Ihnen gütigst bestimmten Zeit, meine Gedichte überbrin-
gen und Sie um Rat, vielleicht um
gütige Hilfe bitten darf?

Sehr geehrter Herr, ich möchte Sie um
Entschuldigung bitten, wenn Sie
dieser Brief stören würde.

Ergebenst

Gerrit Engelke.

[Hannover, Celler str. 154. I.]

67. Richard Dehmel an Paul Zech
   Brief vom Palmsonntag 1913[67]

Angenehm überrascht von dem Menschen und Dichter Gerrit Engelke reagierte Richard Dehmel direkt auf den Bittbesuch des Hannoveraners in Blankenese. Prompt sandte er von Engelke zurückgelassene Gedichtabschriften zusammen mit der hier vorliegenden Fürsprache an den expressionistischen Dichter Paul Zech.[68]

Zech hatte kurz zuvor das erste Heft seiner expressionistischen Zeitschrift „Das neue Pathos" herausgegeben. Unter ihrem die Dichtung des frühen Expressionismus treffend charakterisierenden Titel veröffentlichten u. a. Autoren wie Oskar Loerke (1884—1941), der „hymnische" Dichter Albert Verwey (1865—1937), der „frühe" Gottfried Benn (1886—1956) und der von pantheistischem Pathos erfüllte Franz Werfel (1890—1945) ihre lyrischen Werke.

68. Das Neue Pathos, 2. Heft, Juni 1913
   S.12/13: Gerriet Engelke: „Alles zu Allem", „Der Mensch spricht".

Neben den Gedichten „Alles zu Allem" und „Der Mensch spricht" erschien im Dezember-Heft des gleichen Jahres Engelkes „Alles in Dir".

69. Paul Zech an Gerrit Engelke
   Brief vom 8. 4. 1913.

Der durch Richard Dehmel vermittelte Kontakt zu Paul Zech brachte Gerrit Engelke nicht nur seinen ersten Veröffentlichungserfolg im Sommer 1913 ein. Vielmehr hatte Richard Dehmel, wie dem Brief Paul Zechs zu entnehmen ist, Engelke zu einem in der literarischen Zielsetzung und Aussage Gleichgesinnten geführt. So folgte denn auch Zechs Angebot zur ständigen Mitarbeit in seiner Zeitschrift.

---

67 Palmsonntag 1913 = 16. März.
68 Anderslautende Angaben, wie sie vor allem in der älteren Literatur über Gerrit Engelke zu finden sind, nach denen Richard Dehmel den Hannoveraner direkt zu den „Werkleute auf Haus Nyland", einem Kreis von Arbeiterdichtern, sandte, stimmen nicht.

BLANKENESE BEI HAMBURG WESTERSTRASSE 5

Palmsonntag 1913.

Lieber Herr Jeck!

Hier schicke ich Ihnen eine Reihe Gedichte von einem jungen Unbekannten, die wie geboren für Ihre neue Zeitschrift sind. Der Mann heißt Gerrit Engelke (ich habe seine Adresse auf das erste Manuskriptblatt geschrieben) und ist ein gewöhnlicher Stubenmaler (Anstreichergehilfe), 21 Jahre alt, ein wahres Wunder. Ich bin sonst immer mißtrauisch gegen sogenannte Naturpoeten und gehe mit Empfehlungen überhaupt sehr sparsam um, aber hier muß ich eine Ausnahme machen. Bis jetzt hat er nicht die geringsten Beziehungen zur „Literatur", lebt ganz zurückgezogen, will auch vorläufig auf meinen Rat (damit er nicht in den Sumpf der Bohème gerät) bei seinem Handwerk bleiben, sehnt sich aber natürlich heraus aus der Zeit — und kraftraubenden Tagelöhnerei. Er hat mir das alles selber erzählt, kam extra von Hannover herüber, hat sich das Fahrgeld vom Munde abgespart, wollte sich's aber partout nicht von mir ersetzen lassen. Also bitte, leisten Sie ihm den Pathendienst mit dem gehörigen neuen Pathos! Ich meine: drucken Sie mindestens fünf der Gedichte <u>auf einmal</u> ab und schreiben Sie ein paar Worte davor, daß Deutschland noch nicht verloren ist, solange die Volksschule solche Jünglinge zeitigt! — Alles Weitere (wenn möglich, auch etwas Honorar!) bitte ich <u>direkt</u> mit dem Dichter zu verhandeln, denn meine Korrespondenzlast ist fürchterlich. Und lassen Sie ihn nicht zu lange auf Nachricht zappeln! —

Mit einem herzlichen Gruß
Ihr Dehmel.

Berlin - Wilmersdorf
Babelsbergerstraße 13
Den 8/4 1910

Sehr geehrter Herr!

Richard Dehmel
sandte mir Ihre Verse für meinen
neuen Stübchenbrunnen zugeschickt
Das neue Paßper: Ich habe mich
sehr gefreut, daß ich Ihren Versen
begegnen durfte, denn es steckt
zweifellos eine Stimmen darin
darin. Ich werde mir erlauben,
in Heft 2 unserer Zeitschrift
dem Deutschen abzudrucken und ein

Anfang aus seinen Werken daraus
drucken. Ein Honorar kann ich
Ihnen leider nicht anbieten, da es
freiwillig unserer Mitarbeiter ist,
die Beiträge im Interesse der neuen
Richtung unseres Blattes honorarfrei
zu geben. Dafür erhalten Sie jedoch
eine Jahresnummer der Revue.
Das nächste Heft geht Ihnen mit gleicher
Post zu.
Ich möchte Sie nun bitten, umgehend
auch einen Verse zu schicken, da ich
Sie gern als dauernden Mitarbeiter
gewinnen möchte.
Teilen Sie mir auch bitte mit, ob
von Ihnen schon irgendetwas und wo
erschienen ist.

Mit besten Empfehlungen
Ihr ergebener

Paul Zech

70. Gerrit Engelke an Paul Zech
Brief, o. D.

Engelkes Antwort auf Paul Zechs Aufforderung zur Mitarbeit in der Zeitschrift „Das Neue Pathos" wurde von dem Hannoveraner freudig begrüßt.

Bemerkenswert an Engelkes Antwortschreiben aber ist die Verwunderung, die er über das Zusammentreffen mit einem Gleichgesinnten zum Ausdruck bringt. Sie dokumentiert eindeutig die bislang autodidaktische von keiner literarischen Richtung bewußt beeinflußte Arbeitsweise des Hannoveraners.

Im Verlauf der Zusammenarbeit zwischen Paul Zech und Gerrit Engelke schlägt Zech eine Buchveröffentlichung der Engelke-Gedichte vor, wobei er sich um die Vermittlung eines Verlegers bemühen will. Als Engelke jedoch den Insel-Verlag für seine durch Zech erst angeregten Veröffentlichungspläne gewonnen zu haben glaubt, bricht die Verbindung zu Paul Zech im Mai 1914 ab. Engelkes Kontakt zum Expressionismus blieb eine Episode.

71. Gerrit Engelke an Martin Guldbrandsen
Ansichtskarte vom Hamburg (Deichstraßen-Fleth) vom 7. 7. 1913.

Bereits wenige Monate nach seinem ersten Aufenthalt in Blankenese war Gerrit Engelke erneut zu Gast im Hause Richard Dehmels.

An seinen Freund Martin Guldbrandsen schrieb er, daß ihn die Nähe zum Hafen erneut nach Hamburg gelockt habe.

Doch vor allem sein Verlangen nach kritischer und fundierter Reaktion auf seine Dichtung führte ihn in der Folgezeit immer wieder nach Hamburg-Blankenese.

Der Kontakt zwischen Engelke und Dehmel blieb durch die Bemühungen des Hannoveraners bis zu seinem frühen Lebensende bestehen.

72. Gerrit Engelke: Tagleben, 7. 7. 1913
Gedichthandschrift auf Büttenpapier

Angeregt durch die Eindrücke der Großstadt Hamburg und ihres Hafens, entstehen bei Engelkes zweitem Aufenthalt in dieser Stadt mehrere Gedichte.⁶⁹ Dem Dichter sagte vor allem die Hafen-Atmosphäre an der Alster zu. An seine Mutter schrieb er: „Ich bin viel mit Dampfern gefahren: Im Hafen — Alster auf- und abwärts —Famos — Elbtunnel — Besuch (zweiter) bei Dehmel, mit dem Dampfer nach Blankenese zu ihm usw."⁷⁰

Seit Anfang 1914 bemühte sich Gerrit Engelke verstärkt um die Veröffentlichung seiner Gedichte in hannoverschen Tageszeitungen und anderen Zeitschriften. Vor allem der Feuilleton-Redakteur des „Hannoverschen Courier", Kaiser, unterstützte die Bemühungen Engelkes. Er versprach ihm Gedichtveröffentlichungen jeweils im Abstand von 14 Tagen in der „Täglichen Unterhaltungsbeilage" der Tageszeitung.⁷¹ Tatsächlich druckte der Hannoversche Courier seit dem Frühjahr 1914 bis ca. 1915 in unregelmäßigen Abständen Gedichte und kleinere Aufsätze Engelkes ab.⁷²

Auch der Feuilleton-Redakteur des „Hannoverschen Anzeigers", Schmidt-Kestner, setzte sich für die Dichtung Gerrit Engelkes ein und arrangierte eine Veröffentlichung in der damals meistgelesenen Tageszeitung Hannovers.⁷³

73. Gedichte von Gerrit Engelke (Hannover)
   In: Hannoversches Familienblatt. Sonntags-Beilage zum
   Hannoverschen Anzeiger. Nr. 16, 1914

Neben dem Gedicht „Stadt"⁷⁴ veröffentlichte der „Hannoversche Anzeiger" mit „Schwerer Schlaf" ein Werk Gerrit Engelkes, das heute weder im Original erhalten noch Bestandteil des 1960 herausgegebenen Gesamtwerks (GW) ist.

---

69 Vgl. Engelke an August Deppe, Brief vom 7. 7. 1913.
70 Engelke an die Mutter, Brief vom 20. 7. 1913.
71 Vgl. Engelke an Martin Guldbrandsen, Brief vom 15. 2. 1914.
72 Vgl. Katalog Teil F.: Bibliographie, Kapitel II.
73 Eine Auswertung des „Hannoverschen Anzeigers" bezüglich aller Veröffentlichungen Engelkes in dieser Tageszeitung steht noch aus.
74 Vgl. Kapitel I: „... die norddeutsche Art von Natur her ...", Nr. 15.

Abb. 18
Hannoversches Familienblatt. Sonntagsbeilage zum Hannoverschen Anzeiger.
1914, Nr. 16: Gedichte von Gerrit Engelke (Hannover).

74. Gerrit Engelke: Zur Ausstellung von Lithographien Eduard Munchs im Kestnermuseum.
In: Hannoverscher Courier, 4. 3. 1914[75]

Der handschriftliche Kommentar Engelkes unter dem Zeitungsausschnitt „7,50 M Honorar, man schäbig, aber doch: Halloh! Laß bald was von Dir hören! Gerrit" richtete sich vermutlich an den dänischen Freund Martin Guldbrandsen. Gerrit Engelkes Rezension, die ausschließlich positiv ausfällt, setzt sich rein auf der gefühlmäßigen Ebene mit der Ausstellung auseinander. Sein faktisches Wissen scheint jedoch eher mangelhaft, schreibt er doch z. B.: „Diese Lithographien sind wahrscheinlich in früheren Jahren entstanden."

75. Gerrit Engelke: Drei Bücher.
In: Hannoverscher Courier. Tägliche Unterhaltungsbeilage, 61. Jhrg., Freitag 27. 3. 1914, S. 10, morgens.

76. Gerrit Engelke: Kinematograph.
In: Hannoverscher Courier. Tägliche Unterhaltungsbeilage, 61. Jhrg., Sonnabend, 14. 3. 1914, morgens[76]

Ein Dichter lockt Menschen von der Straße in einen Kinosaal. In einer „Gassenhauer-Sinfonie" versucht er den Menschen die Welt und das Leben zu zeigen. Er führt ihnen zunächst Bekanntes aus Bibel, Geschichte, Kultur und Alltagsleben vor, um Ihnen die Möglichkeit zur Identifizierung bzw. Distanzierung zu geben.

Man fühlt sich unterhalten und lacht über die Einfältigkeiten des Dichters, aber man versteht nicht. Als der Dichter sich anschließend selbst in Szene setzt wird dieses als „Unsinn" bezeichnet. Schließlich bekommen die Zuschauer einen großen Spiegel vorgehalten. Doch auch in dieser letzten Szene begreift niemand den Ernst des dichterischen Anliegens. Lachend, johlend und lärmend verläßt man die Vorstellung. Der Versuch des Dichters, die Menschen sich selbst vorzuführen, damit sie Welt und Leben hinter aller Alltäglichkeit begreifen, ist fehlgeschlagen.

---

75 Das im GW 231 angegebene Veröffentlichungsdatum 10. 3. 1914 stimmt nicht.
76 Vgl. auch: Gerrit Engelke: Vermächtnis. Hrsg.: Jakob Kneip. Leipzig 1937, S. 169f.

Engelkes Kritik an der Unwissenheit nicht mehr zu belehrender Menschen erinnert stark an Friedrich Nietzsches „Also sprach Zarathustra". Auch er versucht im dritten Kapitel seiner „Vorrede", das auf dem Marktplatz versammelte Volk den „Übermenschen" zu lehren. Auch Nietzsches „Zarathustra" scheitert an der Sensationsgier des lachenden unwissenden Volkes.

77. Gerrit Engelke: Erfüllung. Erzählung.
 In: Hannoverscher Courier. Tägliche Unterhaltungsbeilage,
 61. Jhrg., Dienstag, 12. 5. 1914, S. 11, morgens[77]

Gerrit Engelke verarbeitete in seiner kleinen Erzählung teils autobiographische Momente, wie den Verlust seiner ersten Liebe, und zum anderen Teil Szenen aus der Alltäglichkeit eines abgestumpften Großstadtlebens, so wie er es selbst in zahlreichen Mietshäusern des hannoverschen Stadtteils Vahrenwald miterlebt haben dürfte.

Bereits von 1912 an ist Engelkes knappen aber präzisen Aufzeichnungen in seinem Tagebuch „GOTTHEIT. ZEIT. UND ICH. Merkungen und Meinungen" eine eindeutige Auffassung von den Begriffen der Kunst und des Künstlers zu entnehmen. In den folgenden Jahren erfahren diese Aufzeichnungen, bedingt durch das stetige reflektierende Interesse an den Kunstströmungen der Zeit, nach und nach Ergänzungen.

Kernaussage aller seiner Feststellungen und Kritiken ist seine Überzeugung, daß Inhalt und Formen von Dichtung eine gegenwärtige Wirklichkeit mitsamt der Fülle aller Zeitereignisse darzustellen haben. Zum Darstellungsmodus des „vollkommenen Kunstwerks" bemerkt er: „Der bildende Künstler (…) kann jeweils immer nur eine Erscheinung (…) aus dem Leben greifen und sie dann zum vollkommenen Kunstwerk (das ist: die vollständige, wechselseitige Durchdringung von Form und Inhalt) ausgestalten; nie aber Dutzende rastlos bewegter Erscheinungen."[78]

Seine Kritik galt sowohl der rein ästhetisch orientierten „L'art pour l'art"-Dichtung des Jugendstils, als auch der seiner Meinung nach vollkommen formlosen Kunst der Futuristen und Kubisten.

77 ebd., S. 167f.
78 GW 220.

Eine grundlegende Änderung seiner kunsttheoretischen Grundsätze fand durch die Begegnung mit Richard Dehmel und Paul Zech (1913) sowie durch den späteren Kontakt zu Vertretern der Arbeiterdichtung[79] (1914) nicht statt. Auch nach dem vollzogenen Schritt an die Öffentlichkeit behält Gerrit Engelke seine auf eigenen Maßstäben fußende, autodidaktische Arbeitsweise bei.

78. Gerrit Engelke: Der Mittler, 29. 6. 1913
    Gedichthandschrift

Während Gerrit Engelke in seinem Gedicht „Die Rede des Dichters vom Berge"[80] eine anschauliche Summierung von Eigenschaften des Dichter-Menschen gibt, dessen Vermittlerfunktion jedoch nur andeutet, beschreibt er in „Der Mittler" nicht nur die Aufgabe des Dichters innerhalb des weltlichen Geschehens, sondern auch dieses Geschehen selbst.

Bezugsfeld des Dichters für seine Aussage ist „das tosende Meer der Lärm-Welt". Ihre Einzelheiten benennt Engelke in einer siebzehn Verse dauernden Aufzählung, die sich zur besseren Veranschaulichung so mancher eindringlicher Wortneuschöpfung bedient.

Besonders hinzuweisen ist auf die Verse 14 und 15 innerhalb dieser Aufzählung. In ihnen verwandte Gerrit Engelke, der nur wenige Monate vor der Entstehung des Gedichts ersten Kontakt zu dem expressionistischen Dichter Paul Zech hatte, das typisch expressionistische Motiv des Einstürzens alltäglicher Gegenstände. Ob dieses bewußt und unter dem direkten Einfluß der neu kennengelernten literarischen Kunstrichtung geschah, ist nicht eindeutig nachzuweisen. Dieses Motiv jedenfalls wurde immer wieder als Sinnbild für das durch Technisierung und Industrialisierung bedingte Nicht-Mehr-Vorhandensein eines in sich geschlossenen logischen Weltbilds, so wie es noch bis ca. zur Jahrhundertwende galt, verwandt.

In der zweiten Strophe des Gedichts kommt Engelke auf die Aufgabe des Dichter zu sprechen. Als von einem überlegen Standpunkt aus Durchschauender und Erkennender der „Kampf-Welt" hat der Dichter dafür zu sorgen, daß auch die Menschen erkennen lernen.

---

79 Vgl. Kapitel V: Die „Werkleute auf Haus Nyland", Nr. 96—102.
80 Vgl. Kapitel III: „... ungereimte Reime ...", Nr. 60.

Diese Aufgabe stellt Gerrit Engelke, als Zeichen für die Wichtigkeit seines Anliegens, in der Form des Aufrufs an alle „Dichter und Denker".

79. GOTTHEIT. ZEIT. UND ICH. Merkungen und Meinungen, 1913
Tagebuchnotiz von Gerrit Engelke

Es soll kein Mensch an einem Kunstwerk ändern: streichen oder bessern! allein nur der Schöpfer! Es sei sonst wie es sei. [Wagners, H.v. Bülows, Mahlers Änderungen an Beethoven, und Anderes –] 13.

80. GOTTHEIT. ZEIT. UND ICH. Merkungen und Meinungen, 1913
Tagebuchnotiz von Gerrit Engelke

„Immer in der modernen Kunst, Literatur: Das Geschlechtsteil als Mittelpunkt des künstlerischen Körpers. Nicht so — das Herz ist der Mittelpunkt! Das Herz mit seiner Hauptbeziehung zum Hirn, und mit der anderen Beziehung zum Geschlecht.

Dem Geschlecht, der Liebe ihr Recht: darüber aber das Herzhirn! Der Künstler sei nicht allein Spiegel der Dinge — er sei ein höheres: Quelle! das heißt: Persönlichkeit, starke Persönlichkeit von innen nach außen, und Welt-Erde-Graber und Berghäufer."

81. GOTTHEIT. ZEIT. UND ICH. Merkungen und Meinungen, 1913
Tagebuchnotiz von Gerrit Engelke

„Es ist so: die zeitlichen, die zeitgebundenen Gedichte sind voll rauschenden Lebens; die zeitlosen, die ewigen Gedichte, das sind die

negativen: Wir kommen — Wir gehen, — Wir wissen nichts! — Das ist ihr Klang. Ich glaube, daß es gar keine Entwicklung des inneren Wesens der Kunst gibt, — sondern daß alle Kunstäußerungen (…) nur immer von neuem, gliedgleich vorgetriebene Sichtbarmachungen von einem Zentrum, dem Urgrund aller Kunst sind."

82. Gerrit Engelke an Martin Guldbrandsen
Brief vom 31. 12. 1911

Um auf „den sorte Kunst" zurückzu=
kommen:
Du sagst: Kunst ist Natur, — falsch! —
also: oder Natur ist Kunst! das heißt:
eins ist dem ~~anderen gleichwertig~~, —
Was ist das für ein Irrtum —
Kunst soll und will doch nicht Natur
sein, weil sie es nicht sein kann.
Sonst wäre doch etwa die Fotografie die
größte Kunst!
Der Künstler soll nicht die Natur möglichst
genau porträtieren (fotografieren), —
sondern er soll innerhalb der Grenzen,
die ihm durch die gegebenen Mittel
gezogen sind, mit eben diesen Mitteln
eine neue, eine eigene Welt aufbauen!
die der Natur möglichst (und das hängt
natürlich von der Größe, dem Können
des Schaffenden ab), ebenbürtig, gleich=
wertig ist.
Das ist innerlichste Kunst!

83. GOTTHEIT. ZEIT. UND ICH. Merkungen und Meinungen, Mai 1913
Tagebuchnotiz von Gerrit Engelke

Kunst:

Arno Holz: „Die Kunst hat die Tendenz die Natur zu sein; sie wird sie nach Maßgabe ihrer Mittel und deren Handhabung."
— Die Kunst hat nicht die Tendenz die vollkommene Natur (dieses könnte sie nach Maßgabe ihrer Mittel nur werden) zu sein!

Kunst ist: das Eindringen (Erkenntnis des innersten Wesens) in die Dinge, Herausschöpfen des unbedingt Wesentlichen — und die Gestaltung (nach Absonderung der übrigen Fülle, da die Kunst nach Maßgabe ihrer Mittel nicht die ganze, vollkommene, vielfältige Natur geben kann) durch die Persönlichkeit, durch den Filter der Persönlichkeit zur begrifflichen Form. Also: nicht Wiedergabe (Fotografie) sondern Umschaffung — ja, Schöpfung eines ganz neuen.

5.13

Aufbauend auf die vieldiskutierte und für das Kunstverständnis des radikalen Naturalisten und Literaten Arno Holz (1863—1929) grundlegende Definition des Begriffs Kunst, formulierte Gerrit

*Engelke seine eigene Anschauung zum Thema. Die in Arno Holz'
Abhandlung „Die Kunst. Ihr Wesen und ihre Gesetze"[81] gegebene
Kunstformel zitiert Engelke jedoch nicht einwandfrei. Vielmehr lautet
sie bei Arno Holz: „Die Kunst hat die Tendenz, wieder die Natur zu
sein. Sie wird sie nach Maßgabe ihrer jeweiligen Reproduktionsbedin-
gungen und deren Handhabung" und basiert auf Holzens bekannter
Gleichung „Kunst = Natur-X".*

84. GOTTHEIT. ZEIT. UND ICH. Merkungen und Meinungen, 23. 4. 1914
Tagebuchnotiz von Gerrit Engelke

> Kunst aus Kunst, (Man wird wissen was
> ich meine): Kunst aus Kunst ist Inzucht.
> (wenn nicht gar mitunter Inzest) – lebens=
> unkräftige Kinder werden geboren.
> Das Weltleben soll immer der Mütter=
> kuchen des werdenden herrlichen Kindes
> ‚Kunst' sein.   23.4.14.

*Gerrit Engelke wandte sich mit dieser Tagebuchnotiz vor allem gegen
die preziöse L'árt pour l'árt-Dichtung eines Stephan George. In ihrem
rein ästhetischen Sprachgebrauch und ihrem einzigen Ziel, der
Formung bloßer Schönheit, sah er nicht nur eine unzulässige
Weltfremdheit, sondern gar eine Gefahr für die Kunst an sich. In einer
weiteren Notiz seines Tagebuchs heißt es: „Jede Verfeinerung der
Kunst ist eine Gefahr für diese. In unserer Zeit ist bis jetzt im
allgemeinen nur eine Schärfung der Mittel erreicht. Das ist die Gefahr.
Sie muß durch eine neue Ursprünglichkeit beseitigt werden."[82]*

---

81 Arno Holz: Die Kunst. Ihr Wesen und ihre Gesetze. Berlin, W. Ißleib 1891, Neue Folge 1892.
82 „GOTTHEIT. ZEIT. UND ICH." Merkungen und Meinungen, 14. 3. 1913.

85. Gerrit Engelke, 1912
   Photographie

Abb. 19
Gerrit Engelke, 1912.

V. „Die Werkleute auf Haus Nyland"

Ostern 1912 trafen sich die Dichter Jakob Kneip (1881—1958), Joseph Winckler (1881—1966) und Wilhelm Vershofen (1878—) im Haus „Nyland" bei Hopaten in Westfalen, dem Geburts- und Wohnort Wincklers. Anknüpfend an ihre einstige Verbindung aus einer gemeinsamen Studienzeit in Bonn, der „Akademischen Vereinigung für Kunst", beschlossen sie den Zusammenschluß der „Werkleute auf Haus Nyland".

Bereits die drei Studenten hatten versucht, Formen und Inhalte alter Dichtung, kritisch gemessen am aktuellen Zeitgeschehen, durch neue zeitgemäßere zu ersetzen. Diese ersten Versuche wurden 1912, fast neun Jahre später — inzwischen waren Technisierung und Industrialisierung in Deutschland weit fortgeschritten —, zum programmatischen Anliegen der „Werkleute". Dabei bejahten sie grundsätzlich die Wirklichkeit „in all ihren tausendfachen wirtschaftlichen und kulturellen Schichtungen"[83]. Entgegen der Kritik, Resignation und Mutlosigkeit sowie dem Dahinvegetieren vieler Großstadtmenschen wollten sie zeigen, „daß der Mensch in diesem Fluß des Werdens nicht willenlos treibendes Treibholz ist, daß er vielmehr die Kraft ist, die in den Fluß der Zeiten die Staudämme des forschenden und schaffenden Geistes baut (...)."[84]

Kurz nach ihrem Zusammenschluß gaben die „Werkleute" im Sommer 1912 die Zeitschrift „Quadriga" heraus, um dem zukunftorientierten Geist ihrer Vereinigung Stimme und Wirkungsmöglichkeiten zu verleihen. Bis zum Frühjahr 1914 erschienen insgesamt 8 Hefte mit jeweils 64 Seiten.

Ebenfalls durch die Vermittlung Richard Dehmels (1863—1920) bekam Gerrit Engelke im Frühjahr 1914 ersten Kontakt zu den „Werkleuten auf Haus Nyland".

86. Jakob Kneip, Wilhelm L. Vershofen und Alfred J. Winckler: Wir Drei! Ein Gedichtbuch.
Verlag von Röhricheid & Ebbecke, Bonn 1904

„Ich liebe das blühende, blitzende Leben, ich liebe den rüstigen Tag:"
beginnt das „Detlev von Liliencron zum sechzigsten Geburtstag"

---

[83] Quadriga. Vierteljahresschrift der Werkleute auf Haus Nyland, Jena, Sommer 1912, H. 1, S. 4.
[84] ebd.

gewidmete Erstlingswerk der studentischen Autoren. Von vornherein soll klar sein, daß dieses Werk von Lebensfreude und Zukunftsgeist getragen ist.

Doch beim weiteren Lesen überwiegen dennoch die in ihrer Form, als auch in ihrem Inhalt an traditionelle Stimmungsgedichte anknüpfenden Verse wie z. B. Kneips „Mittagsstille", Vershofens „Herbststimmung" oder Wincklers „Frühlingsritt", und nur sehr sparsam lassen sich erste Anklänge an die spätere „Industrie- und Großstadtdichtung" der Drei finden.

Die deutlichsten Neuerungsversuche zeigt das Werk Wilhelm Vershofens mit Gedichten wie „Mein Credo" oder „Der neue Heiland".

87. Die Werkleute auf Haus Nyland.
    In: Quadriga. Vierteljahresschrift der Werkleute auf Haus Nyland, Sommer 1912, H. 1, S. 3f.

Einleitend stellen sich „Die Werkleute auf Haus Nyland" in dem ersten Heft ihrer Zeitschrift „Quadriga"[85] den Lesern vor. Zum Veröffentlichungsmodus der Zeitschrift heißt es:
„Wir wollen, daß alles, was in diesen Blättern veröffentlicht wird, in Beziehung steht zur Gegenwart und Wirklichkeit. Ein vorurteilsfreier Standpunkt soll uns fernhalten von der bloßen Theorie und dem geisttötenden Schlagwort, von einem weltfremden Ästhetentum und unfruchtbarer L'art pour l'art-Anmaßung. Immer wieder wollen wir darauf hinweisen, daß die Wirklichkeit in all ihren tausendfachen wirtschaftlichen und kulturellen Schichtungen und Zusammenhängen der Rohstoff ist, aus dem Soziologie und Kunst ihre Werte zu lösen haben." Entsprechend dem gegenwartsorientierten Programm bestimmte überwiegend die sogenannte Arbeiter- und Industriedichtung den Inhalt der Zeitschrift. Im Gegensatz zu ihrem Erstlingswerk „Wir Drei!" war es den Dichtern Kneip, Vershofen und Winckler inzwischen gelungen, eine in Form und Inhalt den programmatischen selbst

---

85 „Quadriga" bedeutet in wörtlicher Übersetzung „Viergespann". Der blaugraue Umschlag der Zeitschrift trug als Symbol die Fahne der römischen Streitwagen. Trotzdem darf der Titel „Viergespann" nicht allzu wörtlich genommen werden, in dem Sinne, daß man in ihm die Namen der Mitarbeiter, derer es ohnehin beständig nur drei waren, zu finden versucht. Name und Umschlag sind vielmehr Sinnbild der zukunftsorientierten, eine Synthese von Industrie und Kunst fordernden Haltung ihrer Autoren.

gestellten Forderungen adäquate Dichtung zu entwickeln. Wincklers 1913 im Insel-Verlag herausgegebenen „Eisernen Sonette"[86], ein die Zeit in geballter Fülle treffend wiedergebenes Werk, trug wesentlich zur Publizität der „Werkleute" bei. Es machte beispielsweise Richard Dehmel auf den Dichterkreis aufmerksam.

Engelkes Zusammenarbeit mit den Werkleuten ab dem Frühjahr 1914 und sein intensiver Kontakt vor allem zu dem Dichter Jakob Kneip bewirkte, daß er rezeptionsgeschichtlich häufig als „Arbeiterdichter" eingeordnet wurde, obgleich Engelke in einem Brief an Kneip vor einer solch einseitigen Einordnung entschieden warnte[87].

88. Gerrit Engelke: Dampforgel und Singstimme
In: Quadriga. Vierteljahresschrift der Werkleute auf Haus Nyland.
2. Jhrg., 1914, 8. Heft, S. 520: „Ich will heraus aus dieser Stadt".

Die umfangreiche Veröffentlichung von 25 seiner Gedichte in der ihm bislang unbekannt gebliebenen Zeitschrift „Quadriga" hatte Gerrit Engelke, gleich seinem ersten Veröffentlichungserfolg im Sommer 1913[88], wiederum Richard Dehmel zu verdanken: „Am 18. April 1914 kamen die ‚Werkleute auf Haus Nyland' mit Richard Dehmel und einer Reihe von anderen Freunden in Köln am Rhein zusammen und feierten ein Frühlingsfest. Die zu diesem Tage erschienene Ausgabe ihrer Zeitschrift Quadriga brachte die erste Veröffentlichung von Gerrit Engelke. Es waren 25 Gedichte, die so neuartig im Stoff, im Rhythmus und Klang dastanden und eine solche Zucht und Wucht in sich trugen, daß sie uns alle aufhorchen ließen: Das war die Sprache eines kommenden großen Dichters! Aber die Gedichte waren, wie alle Beiträge der Zeitschrift, ohne Namen erschienen; die meisten, die sie lasen, vermuteten einen jungen Studenten dahinter, und die Überraschung unter den Werkleuten und Gästen war groß, als Dehmel am Abend berichtete, wie ein zweiundzwanzigjähriger Anstreichergeselle von Hannover zu ihm nach Hamburg gepilgert war und ihm diese

---

86 Die „Eisernen Sonette" erschienen als Erstveröffentlichung in den Bänden 2, 3 und 5 der Zeitschrift „Quadriga".
87 Vgl. Nr. 102 in diesem Kapitel.
88 Vgl. Kapitel IV: „Wege an die Öffentlichkeit", Nr. 68.

Gedichte überbracht hatte. Dehmel hatte sie zu den Werkleuten auf Haus Nyland gesandt; (...)."[89]

Zu den veröffentlichten Engelke-Gedichten, darunter fast alle seiner heute zumeist bekannten Großstadtgedichte[90], gehörte auch das später meist fälschlich auf das Jahr 1917 datierte Gedicht „An den Tod".

89. Wilhelm Vershofen an Gerrit Engelke
Brief vom „Schriftführer" der Zeitschrift „Quadriga" vom 6. 5. 1914

Wilhelm Vershofen gibt Engelke mit diesem Brief die Veröffentlichung von 30 Gedichten im Frühjahrsheft des Jahres 1914 in der Zeitschrift „Quadriga" bekannt. Die Anzahl der tatsächlich erschienenen Gedichte betrug jedoch nur 25.

90. Jakob Kneip an Gerrit Engelke
Brief vom 22. 4. 1914.

Nur 4 Tage nach der Zusammenkunft der „Werkleute auf Haus Nyland" mit Richard Dehmel am 18. 4. 1914, richtete Jakob Kneip seinen ersten Brief an Gerrit Engelke. Während die wenigen Briefe Wincklers und Vershofens an den Hannoveraner in ihrem Wortlaut einige Distanz — wenngleich nicht ohne Anerkennung — verraten, war Kneip sofort begeistert von den Versen Engelkes. Er lud ihn zu sich ins „Mühlchen — bei Schloß Oranienstein" ein.

91. Schloß Oranienstein —Mühlchen
Photopostkarte vom 9. 5. 1914 (Poststempel) von Gerrit Engelke an Martin Guldbrandsen mit Vermerk Gerrit Engelkes: „Junggesellen-Asyl".

Der von Jakob Kneip in seinem Brief vom 22. 4. ausgesprochenen Einladung folgte Engelke bereits Anfang Mai. An seinen hannoverschen Jugendfreund August Deppe schreibt er am 8. 5.: „(...) sitze hier

---

89 Jakob Kneip: Gerrit Engelke, aus dem Nachlaß. In: Der Bücherwurm, 23. Jhrg., H. 1, S. 5.
90 Vgl. Katalog Teil F.: Bibliographie, Kapitel II.

Mühlheim,
bei Schloß Oranienstein
(Lahn)
22.4.14.

Lieber Herr Engelke! *Kneip an Bernt 1914-1917*

Mit Richard Dehmel habe ich in diesen Tagen viel über Sie gesprochen; und wir fanden es als ein seltsames Schicksal, daß Sie grade aus den 65 Millionen Deutschen zu uns traten. Ich kann Ihnen nicht beschreiben, was für eine Freude ich über Ihre Gedichte erlebte, wie daß jedes Wort und jeder Klang in mir weiterspringt. Sie lieber, herrlicher Mensch, Sie — ich möchte Ihnen dafür die Hand drücken für diese Gottesgabe.

Und ich lade Sie herzlichst ein zu mir herüber zu kommen — Sie können 4 Wochen oder auch länger bei mir hier wohnen in völliger Stille und Freiheit, am rauschenden Wasser, unter blühenden Bäumen, — ein so trautes von Idyll, daß Sie oder Ihre Frau und Knaben geschaffen hat. — Also kommen Sie! — Die Waldberge hier und der Strom unten — und der Ihnen dies schreibt, alle warten auf Sie.

Ihr
Kneip.
Mitglied des Werkleute auf Haus Nyland. (Omadigen.)

Abb. 20
Postkarte von Gerrit Engelke an Martin Guldbrandsen mit Ansicht von Schloß Oranienstein. Mühlchen und handschriftlicher Anmerkung G. Engelkes.

im Paradies. Blühende Bäume, Wasser, — und Vogelgezwitscher Tag und Nacht (...)."

Als Gerrit Engelke Ende Mai nach Hannover zurückkehrte, hatte sich bereits eine feste Freundschaft zwischen den beiden Dichtern entwickelt.

Jakob Kneip schrieb noch 1920 über seine erste Begegnung mit Gerrit Engelke und dessen Werk: „Nie werde ich den Abend vergessen, da Winckler mir die ersten Gesänge Engelkes vorlas. Eine solche Erregung und Freude kam über mich, daß ich sofort beschloß, diesem ‚Erwählten' unserer Zeit, von dem ich hörte, wie schwer er unter seiner Brotarbeit litt, ein paar Monate völliger Freiheit zu geben: Ich lud ihn nach meinem damaligen Wohnsitz, einer alten Mühle an der Lahn.

Abb. 21
Jakob Kneip (links) und Gerrit Engelke (rechts) auf den Treppenstufen des „Mühlchen"
bei Schloß Oranienstein.
Postkarte vom 16. 12. 1914 von G. Engelke an Richard Dehmel.

Engelke kam. Und wir verlebten zusammen einen Sommer in Ungebundenheit und Schaffensfreude. Jeden Morgen wurde die Erde für uns neu erschaffen in jenen himmelblauen Tagen. Nach und nach fand sich auch zwischen uns die Sprache, die das Letzte und Tiefste zwischen Freunden zum Ausklang bringt, und ich staunte immer mehr über den Reichtum und die tiefe Güte dieses noch so kindhaften Menschenherzens."[91]

92. J. Kneip (links) und Gerrit Engelke (rechts) auf den Treppenstufen des „Mühlchen" bei Schloß Oranienstein.
    Photopostkarte von Gerrit Engelke an Richard Dehmel
    vom 16. 12. 1914 (Poststempel).
    Text der Karte: „Kneip, Engelke, u. ein Hund im Frieden an der Lahn.

93. Topographische Karte (1:25 000) von Limburg an der Lahn
    Mit Dietz a. d. Lahn, Schloß Oranienstein und dem „Mühlchen".
    o. J.

94. Schulter an Schulter. Gedichte von drei Arbeitern. Gerrit Engelke Heinrich Lersch Karl Zielke
    Jena 1916, S. 10/11

Auch in den Jahren, als Engelke sich auf den französischen Schlachtfeldern des 1. Weltkrieges befand, blieb Jakob Kneip dem Hannoveraner ein treuer Freund. U. a. besorgte er für ihn die Herausgabe von Gedichten in der Anthologie „Schulter an Schulter". Diese erste Veröffentlichung von Engelke-Werken in Buchform, enthielt jedoch im wesentlichen jene Gedichte, die von Engelke bereits im Frühjahr 1914 in der Zeitschrift „Quadriga" abgedruckt waren.

In einem Brief vom 26. 12. 1916 an Jakob Kneip beklagte sich Engelke im übrigen über die Berufsbezeichnung „Tüncher", mit der man ihn in einer biographischen Einleitung bedacht hatte. Sie klang ihm, der sich nicht in die Kategorie Arbeiterdichter einordnen lassen wollte, zu gewollt „proletarisch".

---

91 Jakob Kneip: Gerrit Engelke. In: Nyland, 2. Jhrg., 1920, H. 3, S. 168.

95. Rezension zu „Schulter an Schulter" von Dr. Habicht.
In: Hannoverscher Kurier. Tägliche Unterhaltungsbeilage. 23. 1. 1917.

Der hannoversche Privatdozent Dr. Habicht hatte schon im April 1914 für den Ankauf von ca. 70 Engelke-Zeichnungen durch das Kestner-Museum gesorgt.

Er beginnt seine Rezension mit einer zeitüblichen Lobpreisung des Krieges, um schließlich das Buch, der „drei Arbeiter", ohne Nennung von Beispielen, als Sinnbild des Geistes des deutschen arbeitenden Volkes zu deklarieren. Überschwenglich stellt er fest, daß eine solche Dichtung es vermag, das falsche Ansehen der Deutschen als Barbaren in der Welt aufzubessern.

Im zweiten Teil seiner Ausführungen setzt sich Habicht mit der neuen Kultur, dessen ausführender Künstler der das Zeitalter bestimmende Arbeiter ist, auseinander. In keinem Satz läßt er einen Zweifel daran, daß auch Engelke diesen Arbeiter-Künstlern zuzurechnen sei.

In zahlreichen Aufsätzen, welche die „Werkleute auf Haus Nyland" nach dem Tode von Gerrit Engelke über den Hannoveraner in verschiedenen Zeitschriften veröffentlichten, vereinnahmten sie den Dichter immer wieder als einen der ihren und bezeichneten ihn als Arbeiterdichter.

Auch eine erste literaturwissenschaftliche Auseinandersetzung mit dem Phänomen der Arbeiterdichtung von Julius Bab aus dem Jahr 1924 hebt neben den Dichtern Heinrich Lersch (1889—1936), Karl Bröger (1886—1944), Max Barthel (1893—1975) und dem Österreicher Alfred Petzold (1882—1923) Gerrit Engelke hervor.

So ist es nicht verwunderlich, daß Gerrit Engelke in zahlreichen Lexika, Zeitschriftenartikeln und Anthologien bis heute den sehr einseitigen und unzutreffenden Titel eines Arbeiterdichters angehängt bekommt.[92]

Daß bereits kurz nach dem Tode des Hannoveraners gerade von seinen Freunden, den „Werkleuten auf Haus Nyland" so manche Angabe unterschlagen oder falsch wiedergegeben wurde, hat sicherlich am meisten zur Fehleinschätzung des Dichters beigetragen, meint doch der Rezensent, daß gerade auf die Berichte ehemaliger Freunde Verlaß sein müsse.

---

92 Vgl. MORA 5.

Jedoch: eine Beeinflussung der uns heute erhaltenen Dichtung des Hannoveraners durch den Kontakt zu den „Werkleuten" scheint schon deshalb unwahrscheinlich, weil Engelke bereits kurze Zeit nach dem ersten Kontakt zu ihnen erst nach Dänemark zu dem Freund Martin Guldbrandsen reiste und direkt anschließend in den Krieg zog. Von diesem Zeitpunkt an aber war er nur noch sporadisch dichterisch tätig; d. h. der Großteil seiner Dichtung, darunter sämtliche seiner „Großstadtgedichte", entstand bereits vor der ersten Begegnung mit den „Werkleuten".

96. Joseph Winckler: Gerrit Engelke.
In: Das literarische Echo, 24. Jhrg., 1921, Sp. 272.

„Als Gerrit Engelke kurz vorm Kriege aus Dichtersehnsucht und schöpferischer Dumpfheit zu Fuß von Hannover nach Blankenese zu Richard Dehmel pilgerte, ein stämmiger Bursch, ein Tüncher von schwindelnden Gerüsten zwischen Wolken und Großstadtrauch, aus der qualvollen Enge seines Proletarierdaseins, mit Shakespeare, Klopstock wie mit Beethoven, Brahms, Walt Whitman, Hodler ringend, da schlug endlich die Stunde seines Aufstiegs: Dehmel wies ihn zu den ‚Werkleuten auf Haus Nyland' (Eugen Diederichs Verlag) und dachte im besonderen an mich als den nächsten Geistesbruder Engelkes, der ich damals gerade mit Dehmel die Herausgabe meiner ‚Eisernen Sonette' im Insel Verlag vorbereitet hatte, in denen ich ein neues Weltgefühl aus dem machtvollen Arbeitsrhythmus des Industriezeitalters zu gestalten suchte."

97. Jakob Kneip: Nachklang.
In: Gerrit Engelke. Rhythmus des neuen Europa. Gedichte.
Jena 1921, S. 111f.

„Dann aber kam der Tag, wo es Engelke nicht mehr ruhen ließ im engen Kreis seiner Freunde, wo es ihn trieb, über seine Dichtung das Urteil, vielleicht auch den Zuspruch eines Großen zu hören. So zog Gerrit Engelke im Frühjahr 1914, ein Bündel Gedichte in der Tasche, zu Dehmel nach Blankenese.
Es wurde der entscheidende Tag:
Der Meister erkannte, wer hier vor ihm stand. Er gab ihm das ermutigende Wort und zeigte ihm den rechten Weg: er schickte Engelke zu den ‚Werkleuten auf Haus Nyland'. Von diesen wurde er brüderlich

aufgenommen, und bald erschienen in ihrer Zeitschrift ‚Quadriga' Engelkes erste Dichtungen."[93]

Die sowohl von Josef Winckler als auch von Jakob Kneip gemachte Behauptung, Engelke sei zu Fuß nach Blankenese zu Richard Dehmel gewandert, klingt zwar recht nach der Manier eines armen Dichter-Proletariers, entspricht aber nicht der Wirklichkeit.

Weiterhin verwies Dehmel den Hannoveraner, der ihn, entgegen Kneips Angaben, bereits im Frühjahr 1913 besuchte, zunächst an den expressionistischen Dichter Paul Zech, der eine erste Veröffentlichung von Gedichten in der von ihm herausgegebenen Zeitschrift „Das neue Pathos" schon im Sommer 1913 arrangierte.[94]

98. Julius Bab: Kunst und Volk. Heft 3. Arbeiterdichtung. Berlin, o. J. (1924)
Titelblatt

99. Julius Bab: Kunst und Volk. Heft 3: Arbeiterdichtung
Berlin (o. J.) 1924, S. 4f. und 35f.

a) „Einmal muß die Dichtung in ihrem inneren Wesen wirklich vom Geist der Arbeiterklasse berührt und umgewandelt sein: d. h. es genügt durchaus nicht, wenn der Arbeiter und seine Welt als Stoff, als Thema, als Idee in solchen Gedichten vorkommen, dies Thema aber ganz in der herkömmlichen Art irgendwelcher berühmter bürgerlicher Künstler behandelt wird. Das Entscheidende im Bereich der Kunst ist immer die Formkraft, und erst dann wird es irgendeinen Sinn haben, von ‚Arbeiterdichtung' zu sprechen, wenn auch die eigentliche dichterische Form: die Wahl der Worte, ihre rhythmische und geistige Anordnung, die Bilder der Sprache, die ganze Art der Phantasie deutliche Kennzeichen einer neuen Menschenart zeigen.

Und zweitens müssen diese Dichtungen wirklich von einem Arbeiter in dem und heute lebendigen Sinne des Wortes sein. Zu diesem Sinne

---

93 Jakob Kneip: Nachklang. In: Gerrit Engelke: Rhythmus des neuen Europa. Gedichte. Jena 1921, 1. Aufl.
94 Vgl. Kapitel IV: Wege an die Öffentlichkeit.

Und zweitens müssen diese Dichtungen wirklich von einem Arbeiter in dem und heute lebendigen Sinne des Wortes sein. Zu diesem Sinne gehört aber nicht allein und vielleicht nicht einmal in erster Linie die proletarische Existenz im Sozialen und Wirtschaftlichen. Der heutige Arbeiter ist ein Großstadtmensch, in innerster Berührung mit Industrie und Weltwirtschaft, und er ist vor allem ganz innerlich gezeichnet durch die Tatsache seines Klassenbewußtseins: er will Arbeiter sein, und das bedeutet für ihn nicht nur ein Leid, sondern auch ein Stolz und einen Anspruch."

b) „(...) Gerrit Engelke, so hieß dieser ostfriesische Tüncher, der vielleicht die größte sprachschöpferische Begabung in der letzten deutschen Generation besaß, ist noch in den letzten Tagen des Weltkrieges, im Oktober 1918 in Flandern gefallen. Wohl der schwerste Verlust an Persönlichkeitswerten, den die deutsche Kultur in diesem ganzen furchtbaren Kriege erlitten hat. Er zuerst ist ein Arbeiterdichter, dessen riesenhaftes Temperament nicht auf irgendwelche Themen, die mit seiner besonderen sozialen und geschichtlichen Situation zusammenhängen, beschränkt bleibt, sondern die ganze Welt ergreift: alle Erscheinungen der Natur und der Kultur, des äußeren und inneren Lebens, um deren Deutung die Dichter von je gerungen haben. Aber erfaßt alle diese Dinge in einem Sinn, und er gestaltet sie deshalb in einer Art, die durchaus neu ist, und unverkennbar die Kennzeichen einer neuen Menschenschicht trägt, die nun gestaltend und mitarbeitend in das Kulturleben eingreift — Arbeiterdichtung."

100. Franz Alfons Hoyer: Die Werkleute auf Haus Nyland
 Freiburg 1939, S. 103 f.

„Als ‚Arbeiterdichter' geht Gerrit Engelke im übrigen durch alle, ihn auch nur beiläufig erwähnenden Literaturgeschichten, Dissertationen, Aufsätze. Einmal abgesehen von der Fragwürdigkeit, die dem Begriff ‚Arbeiterdichtung' bei seiner Verwendung als literarhistorischem Ordnungsbegriff zukommt, träfe er auf Engelke überhaupt nicht zu. Das muß einmal mit Betonung gesagt werden. Schon die rein soziologische Betrachtung, der eine Untersuchung und Würdigung seiner Herkunft, seines Bildungsweges, seines Bildungsbereiches entsprechen würde, zerstört die Behauptung, die Engelke als einen ‚Arbeiterdichter' vor uns hinstellen möchte. Der ‚Tüncher aus

Hannover' sieht in seinem zufälligen Broterwerb nur eine ‚vorläufige und zeitweilige, äußerst belastende' Beschäftigung, wie Jakob Kneip bestätigt."

Als einer der ersten setzte sich Alfons Hoyer in seiner Dissertation aus dem Jahr 1939 kritisch mit der Einordnung Engelkes als Arbeiterdichter auseinander. Seine Beweisführung findet u. a. ihre Bestätigung in dem Brief Engelkes vom 26. 2. 1913 an Richard Dehmel[95].

101. Gerrit Engelke an Jakob Kneip
Brief vom 26. 12. 1916

„Dann noch: Der Tüncher. Meinethalben kann der Tüncher Euretwegen stehenbleiben. Doch Erklärendes: der Handwerker-Maler, der Tür, Wand und Decke streicht, lackiert oder dekoriert, heißt in Norddeutschland eben (was ich ja auch bin!) Maler. Tüncher oder Anstreicher sind Leute, die keine Lehrzeit, keine Handwerksfähigkeit haben. Wozu also Tüncher? um künstlich das Proletenhafte der Herkunft zu steigern? Wenn ein Redakteur und ein Kesselschmied dasteht, kann auch ein Maler dastehen. Übrigens ist es im Grunde Unsinn, die Gewerbe usw. der Verfasser voranzusetzen — denn jede Arbeit wird an sich, nach ihrem Wert beurteilt, gleichgültig, ob sie von einem Gelehrten oder Berufs-Künstler oder einem Arbeiter herrührt."

102. Gerrit Engelke an Jakob Kneip
Brief vom 15. 4. 1917

„Hüten wir uns vor dem Nur-Industrialismus! Man würde alles über diesen einen Kamm scheren; uns in das Schubladenfach ‚Industriekunst' legen. Wir singen von der modernen Arbeit, weil wir aus ihr kamen und mit ihr leben müssen. Wir sehen sie aber nicht als etwas Ausschließliches, sondern nur als einen Teil des gottvollen Ganzen, das unsere Welt heißt, an. Höher als dieser Stoffton muß uns die Aufgabe stehen, vom guten Europäertum, vom Menschlichen, zu singen."

---

95 ebd., Nr. 65.

VI. „Weibliebe ohne Erfüllung"

Anfang Juni 1914 reiste Gerrit Engelke zu seinem dänischen Freund Martin Guldbrandsen nach Dänemark. Er wohnte dort bis zum Oktober des gleichen Jahres in dem kleinen Ort Faaborg auf der Insel Fünen.

In einem Brief, datiert auf den „3. oder 4. 7. 1914", an den Freund Jakob Kneip berichtet er von dem Beginn der Niederschrift seines ersten und einzigen Romans, „Don Juan": „(...) ich habe eine neue Dichtung angefangen, die Don Juan heißt. Setzt sich aus 8 Prosateilen zusammen, deren jeder mit einer Strophe eingeleitet wird (auch Verbindung der einzelnen Teile). Ich bin tüchtig beim Arbeiten. Ersten (kleinsten) Teil heute geschrieben: Don Juan als dänisches Kind: Juan Nielsen in Thistedt. Ich denke mit der ganzen Arbeit (etwa 30 Druckseiten) in 3 bis 4 Wochen fertig zu sein."

Engelkes intensive Arbeit am „Don Juan" wurde durch den Ausbruch des 1. Weltkrieges am 1. 8. 1914 abrupt beendet. Zwar entschloß sich der Hannoveraner erst Mitte Oktober nach Deutschland zurückzukehren, doch waren Arbeitseifer und Konzentration durch stetiges Nachdenken über die Kriegsereignisse sowie Überlegungen für und wider eine Teilnahme am Krieg bereits empfindlich gestört.

Das vollständig erhaltene Manuskript des fragmentarisch gebliebenen Romans, das bis zum April 1915 entstand, umfaßt 40 handgeschriebene Seiten. Weiterhin sind noch Notizen zu einer geplanten Fortführung des Werkes vorhanden.[96]

Vom Mai 1915 an verfolgte Engelke eine z. T. kriegsbedingte Erweiterung seines Prosawerkes über die ursprüngliche Planung hinaus. In einem Brief an den Jugendfreund August Deppe äußert er hierzu: „Mein Don-Juan-Plan ist gewachsen: 1. Teil (das Bisherige): Juan, der Schweifende (Weibliebe ohne Erfüllung); 2. Teil: Juan zwischen den Schlachten (Verzweifeln an der menschenbrüderlichen Liebe); 3. Teil: Juan im Garten der Seligkeit (Erfüllung in wunschloser Freude und in der Gottheit)."[97]

---

[96] Angaben zur zeitlichen Entwicklung des Don Juan und zum im Gerrit-Engelke-Archiv befindlichen Original-Manuskript sind zu finden in: Dieter Schwarzenau: Der Dichter Gerrit Engelke, Kiel 1966, S. 39f.
[97] Engelke an August Deppe, Brief vom 7. 5. 1915.

103. Faaborg, Insel Fünen (Dänemark)
Ansichtskarte

104. Spanisches Theater. Hrsg.: Moritz Rapp. 5 Bd.: Schauspiele von Tirso de Molina. Hildburghausen 1870

Zu Gerrit Engelkes Bibliothek gehörte u. a. eine Ausgabe des „Don Juan" von dem spanischen Dichter Tirso de Molina (Fray Gabriel Tellez, 1584—1648). Neben diesem gegen die dogmatische Weltordnung Spaniens im 17. Jahrhundert ankämpfenden Frauenverführer und Liebesabenteurer, war Gerrit Engelke weiterhin mit Mozarts „Don Giovanni" vertraut.[98]

Ob Engelke noch weitere Versionen des in der Weltliteratur häufig bearbeiteten Themas durch andere Dichter (z. B. E. T. A. Hoffmann, 1776—1822 und J.-B. Moliére, 1622—1673) geläufig waren, ist nicht bekannt. Mit Sicherheit auszuschließen ist Engelkes Lektüre von Grabbes „Don Juan und Faust" vor April/Mai 1915, also nach der Entstehung der letzten Manuskriptblätter seines eigenen Don Juan.[99]

Gerrit Engelkes Interpretation der Don Juan-Figur orientierte sich jedoch nicht an Tirso de Molinas „Weiberheld", für den es die größte Lust war, ein Weib zu verführen und entehrt zu verlassen[100].

Ähnlichkeiten in den Charakterzügen der Hauptfigur bei Engelke zu derjenigen bei de Molina lassen sich höchstens in den ersten drei Kapiteln des ersten Buches finden, wobei das 3. Kapitel die deutlichsten Parallelen — insbesondere in der Beschreibung der Umwelt der Hauptfigur — aufweist.

Engelkes Don Juan ist einsam, stetig auf der Suche nach einer beständigen „All-umfassenden" Liebe, die er aber in keiner der vielen unterschiedlichen Beziehungen zu einer Frau zu finden vermag. Verführung geschieht nicht aus Abenteuerlust und noch viel weniger, um eine nach Ehre und Moral ausgerichtete Weltordnung zu zerstören. Sie ist für Engelkes Don Juan reine Notwendigkeit auf dem Wege des in seinem Innern zum Höchsten, dem absoluten Liebes-Glück, getriebenen Menschen.

---

98 Vgl. Kapitel I: „... die norddeutsche Art von Natur her ...", Nr. 27.
99 Vgl. Engelke an A. Deppe, Brief vom 7. 5. 1915.
100 Vgl. Tirso de Molina: Don Juan. 2. Akt, 9. Auftritt.

In einem Brief an die Frau des Bürgermeisters Theo Rody schreibt Engelke über seine Intensionen zur Don-Juan-Figur: „Meine Absicht ... war: ein faustisch getriebenes Wesen der unbefriedigten Sehnsucht in unserer Zeit darzustellen und endlich zur Versöhnung zu führen."[101]

105. Notizen Gerrit Engelkes zum Don Juan
    Blaues Oktavheft

106. Gerrit Engelke: Don Juan, 1. Kapitel, 1. Seite
    Handschrift

Gleich zu Beginn seines „Don Juan" würdigte Gerrit Engelke seinen Lieblingsdichter, den Autor des „Nils Lyhne", Jens Peter Jacobsen (1847—1885). Ebenso wie der dänische Dichter wird Engelkes Hauptperson, Juan Nielsen, in der Kleinstadt Thistedt in Jütland geboren.

101 Engelke an Frau Rody, Brief vom 21. 3. 1915.

Teils aufgrund seines eigenen Aufenthalts in Dänemark, teils angeregt durch das Vorbild Jacobsens, wählte Engelke als ständigen Ort der Handlung Dänemark.

107. Jens Peter Jacobsen: Niels Lyhne
 In: Sämtliche Werke (in einem Band). Übertr. von Mathilde Mann, Anka Matthiesen, Erich von Mendelssohn und Raphael Meyer. Leipzig: Insel-Verlag, 1912.

Eigenen Angaben aus seinem Bücherverzeichnis zufolge, besaß Gerrit Engelke das gleiche Exemplar der hier gezeigten Ausgabe. Bekannt ist jedoch auch, daß der Beginn der Freundschaft zwischen Engelke und dem Dänen Martin Guldbrandsen im Sommer 1910 die einleitenden Worte „Kennst du Niels Lyhne?" hatte[102], so daß Engelke auch eine andere deutsche Ausgabe des Werkes gekannt haben mußte.[103]

Parallen von Engelkes „Don Juan" zum Werk des Dänen lassen sich vor allem zu Jacobsens Erzählung „Mogens" ausmachen.

108. Gerrit Engelke: Don Juan, 2. Kapitel
 Handschrift

Ein eindeutiger Einfluß der Jacobsen-Werke ist im 2. Kapitel von Engelkes Don Juan zu finden. Aus der Novelle „Mogens" übernimmt Gerrit Engelke nicht nur in leicht abgewandelter Form den Frauennamen Thora — bei Engelke heißt die weibliche Hauptperson des 2. Kapitels Tore —; sondern auch das Motiv der Frauenverstoßung aufgrund von Überdruß und Langerweile kommt in beiden Werken in fast gleichen Wortlaut zur Sprache. Bei Gerrit Engelke heißt es: „Ich kenne dein Äußeres bis auf die Haut; nach deinem Inneren zu suchen verlohnt sich nicht, ich gab es schon nach fünf Tagen auf. Es ist gerade so viel, daß es genügt, Körper und Kleider zusammenzuhalten und in Szene zu setzen."[104]

---

102 Blome GW 20f.
103 Die erste deutsche Übersetzung des 1880 im Dänischen erschienen Romans wurde 1889 im Reclam-Verlag herausgegeben. Eine Ausgabe der Gesammelten Werke in drei Bänden erfolgte 1898/99 im Diederichs Verlag.
104 G. Engelke: Don Juan. 1. Buch, 2. Kapitel, GW 243.

Dem gegenüber steht bei Jens Peter Jacobsen:
„Es soll heißen, daß ich deiner Schönheit müde bin, daß ich deine Stimme und deine Bewegungen auswendig kann und daß weder deine Launen noch deine Dummheiten oder deine Verschlagenheit mich mehr belästigen können. Kannst du mir da sagen, warum ich bleiben sollte?"[105]

109. Gerrit Engelke: „Die Frauen gehen an Don Juan vorüber", o. J.
    Gedicht

Die erste Strophe des Gedichts beschreibt, wie bereits Engelkes „Don Juan" in seinem zweiten Kapitel, das Motiv des Verstoßens einer Frau aufgrund von Überdruß am Immergleichen.

Die drei folgenden Strophen aber erinnern, entgegen dem Engelke-Roman „Don Juan", stark an Tirso de Molinas Weiberheld und Verführer, der sein Spiel mit den Herzen der Frauen treibt.

110. Gerrit Engelke: Don Juan, 4. Kapitel
    Handschrift

Im 4. Kapitel seines Romanfragments „Don Juan" gibt Gerrit Engelke die für sein Gesamtwerk erste und einzige Schilderung von Arbeiterwelt und -milieu. Dabei lassen sich gleich zu Anfang des Kapitels stark autobiographisch geprägte Details ausfindig machen.

Nicht nur der Drang, das einsame und unruhige Leben durch die sicheren Bahnen einer Ehe zu ersetzen, entsprechen dem persönlichen Wunsch Gerrit Engelkes; auch, daß Don Juan sich schließlich als Gummizuschneider in einer Fabrik verdingt, erinnert sofort an die dem Hannoveraner von Kindheit an wohlbekannten „Conti"-Werke in der Vahrenwalder Straße.

---

105 Jens Peter Jacobsen: Mogens. In: Sämtliche Werke (in einem Band). Übertr. von Mathilde Mann, Anka Matthiesen, Erich von Mendelssohn und Raphael Meyer. Leipzig: Insel-Verlag, 1912, S. 622f.

111. Luftreifenherstellung in der Firma Continental Coautchouc- und Guttapercha-Compagnie (Conti)

Abb. 22
Luftreifenherstellung in der Firma Continental Caoutchouk- und Guttapercha (Conti), o. J. (um 1915).

112. Gerrit Engelke: „Zu viele Menschen, zu viele Straßen", Frühj. 1914
Gedicht

Das bereits vor der Entstehung des Don Juan geschriebene Gedicht zeigt deutlich inhaltliche Parallelen zum Schlußteil des vierten Kapitels des Don Juan.

Don Juan wird sich bewußt, daß auch die Alltäglichkeit keinen Schutz vor der Sehnsucht nach Glückseligkeit bietet. Bei einem Gang durch die lebendigen Straßen der Stadt fühlt er sich seltsam von dem Blick eines fremden Augenpaares berührt: „Da! — was war das — er fühlte, daß ihn irgendetwas getroffen habe — Da! da kamen zwei Augen, kam ein Blick auf ihn zu — und vorbei. Juan fühlte, wie all sein Fleisch noch unter diesem reinen, unendlichen Blick schmerzte — (...)"[106]. Juan bemüht sich, das Augenpaar zu verfolgen. Doch es mißlingt ihm.

106 GW 262.

Was bleibt ist Resignation. Don Juan weint und der Dichter fordert in den Versen den Leser auf:
>„... denke so — daß zu viele Menschen
>Durch die Straßen gehn —
>Daß die Straßen alle auseinander zweigen —
>Daß
>Wir uns nie im Abendschweigen
>In Einer Gasse wiedersehn"[107]

„Zu viele Menschen, zu viele Straßen" vereiteln das Zusammentreffen des Einzelnen mit dem stets gesuchten reinen, unendlichen zeitlosen Glück — der Liebe.

113. Gerrit Engelke: Don Juan, 5. Kapitel
Handschrift

> Die Dämmerung ist über den Wald gekommen, unbestimmtes, abgedämpftes Leuchten schwimmt zwischen allen Bäumen. Die Wege dunsten feucht.
> Allmählich wird es ganz dunkel, die Schatten schwellen geisternd auf — und alles ist von Unnennbarem erfüllt. Dunkel. Einsame Schritte im Dunkel.
> Fern von einem Wege kommt Singen, durcheinander schwirrend, dann Frauen- und Männerstimmen — eine Gesellschaft die vielleicht aus einer Waldwirtschaft kommend auf dem Heimweg ist:
> „.. Freut eu-euch des Lebens,
> „weil no-och das Lä-ämpchen glüht.
> pflü-ücket die Rose, eh sie-ie verblüht —
> man macht so ge-ern sich .. Sorg .. Müh ..."
>
> Zwei Menschen gehen selig umschlungen und weinen vor Glück.

*

107 GW 77.

Die Atmosphäre der Arbeiterwelt tauscht Gerrit Engelke in seinem 5. Kapitel gegen eine Liebesbegegnung in den Gefilden der Natur. Naturbeschreibung und die Begegnung zwei sich liebender Menschen bis hin zu deren Verschmelzung auf dem sonnenerstrahlten Hügel der Welt-Natur erinnern stark an Richard Dehmels Werk „Zwei Menschen". Gleich Dehmel verwandte Engelke Lichtmetaphorik. Licht bedeutet soviel wie Glückseligkeit, Öffnung des Himmels, Verlassen aller irdischen Wege. Weltallglühen umfaßt die Herzen zweier Menschen, sobald sie von den Strahlen der Sonne erfaßt werden.

Doch: ebenso wie für Dehmels „Zwei Menschen" ist die erreichte Glückseligkeit nicht endgültig. „Zwei Menschen sagen sich Lebwohl." heißt der Schlußsatz des Dehmelschen „Romans in Romanzen". Auch Engelkes Don Juan verabschiedet sich schließlich wieder von seiner geliebten Frau. Der Augenblick höchster Glückseligkeit war einmalig und ohne Wiederkehr. Die Unruhe ergreift den Schweifenden wieder. Auch diese „Weibliebe" blieb ohne Erfüllung.

114. Richard Dehmel: Zwei Menschen. Roman in Romanzen
In: R. Dehmel: Gesammelte Werke. 5. Bd., Berlin 1908

115. Gerrit Engelke: All-Eins, 1. 1.—10. 3. 1913
Gedichthandschrift

Ein Individuum erwacht, tritt in ein Leben außerhalb aller Alltäglichkeit. Der Tag kommt, ein erstes Leuchten wächst zur „Lichtflut" und zu rotem „Feuer-Brand". Schließlich Sonnenaufgang: Der Mensch schreit, folgt dem Weg zur Sonne hinauf, zum „Feuerblutgehirn", versinkt in der „Flimmer-Flut". Dort kann er nicht bleiben, der Mann findet zu sich zurück. Als die Sonne ihren höchsten Stand erreicht hat, begegnet er dem Weib. Der erste Kuß — es dauert bis der Wald im „Dämmer-Meer" ertrinkt. „Der erste Tag der Liebes-Tag verglomm —".

Gleich Engelkes fünftem Don Juan-Kapitel erinnert auch sein „All-Eins" durch Thematik und den ausschließlichen Gebrauch der Lichtmetaphorik an Richard Dehmels „Zwei Menschen". Beschreibt Dehmel das Werden und Vergehen der Liebe zweier Menschen zueinander im Vergleich mit dem Zyklus der Jahreszeiten, so gebraucht Gerrit Engelke das alles umfassende „Gottesgestirn"

Sonne, um durch den Vergleich mit Tageszeiten ebenfalls ein solches Werden darzustellen. — Allerdings, der Schluß des Gedichts läßt offen, ob ein Untergang der Liebe erfolgt. — Engelke endet an dem Punkt, an dem Dehmels „Erster Umkreis" schließt.

Stilistisch besonders bemerkenswert an dem Gedicht sind die für Engelke typischen, hier extrem häufig auftretenden Wortneuschöpfungen, die ein und demselben Gegenstand bzw. Sachverhalt immer wieder neue Aussagekraft verleihen.

116. GOTTHEIT. ZEIT. UND ICH. Merkungen und Meinungen.
Tagebuchnotiz von Gerrit Engelke

„Aus den Entwürfen zu Don Juan: Ganz aussprechen und hingeben kann man sich immer nur dem einen einzigen Herzen, das man immer sucht. Ist es nicht so, als sei es unser eigenes Herz, das außerhalb unseres eigenen Körpers irgendwo in der Welt auf uns wartete — nach dem wir auf ruheloser Entdeckungsfahrt Zeit unseres Lebens jagen? Ich habe es immer gesucht."

117. Angaben Gerrit Engelkes zu Erweiterungen des „Don Juan"
Handschriftliche Notizen vom 29. 5. 1915 und 30. 5. 1915[108]

Anfang Mai 1915 verkündete Gerrit Engelke eine Erweiterung seiner bisherigen Don-Juan-Pläne[109]. Nicht nur das bislang im Krieg Erlebte, sondern auch der Weg zur wahrhaften Glückseligkeit, d. h. die Vereinigung mit Gott, sollten nun Berücksichtigung finden.

In einem Brief vom 21. 3. 1915 schrieb Gerrit Engelke an Frau Rody einen aufschlußreichen Brief zu offensichtlich autobiographischen Momenten in den Zügen der Don-Juan-Figur[110]: „Ich war sehr überrascht, daß Sie schreiben, persönliches Erlebnis mache mir wahrscheinlich die Arbeit, die Ihnen ja nicht gefiel, wert — nicht die Spur! Wenn etwas darin ist, dann ist es fast ganz unbewußt hineingekommen. Ebenso meinte Kneip, es wären

---

108 MORA S. 315.
109 Vgl. Engelkes Briefe an August Deppe und Jakob Kneip vom 7. 5. 1915 und 1. 6. 1915.
110 Frau Rody verwahrte seit Engelkes Teilnahme am 1. Weltkrieg zeitweise dessen Don-Juan-Manuskript.

meine „widerspruchsvollen" Züge in der Don-Juan-Figur — ich war erstaunt."[111]

Tatsächlich aber erinnern die von Engelke zum 1. Buch des Don Juan in Briefen erklärend vergebenen Untertitel wie: „Weibliebe ohne Erfüllung" oder „Das fast fertige Buch der Liebesprobleme" stark an die Biographie Engelkes.

Die Idee für das zweite niemals entstandene und nur in Notizen geplante Buch „Don Juan zwischen den Schlachten" läßt sich erstmals nach Engelkes Einzug ins Kriegsgeschehen finden. So waren zumindest für die Don-Juan-Erweiterungspläne Engelkes eindeutig biographische Erlebnisse ausschlaggebend.

Gerrit Engelke selbst war fast bis zum Ende seines Lebens stets unglücklich verliebt und träumte gleichzeitig von der glückbringenden Gemeinschaft zwischen Mann und Frau. Als er sich schließlich 1918 nach nur wenigen Begegnungen mit Annie-Mai Siegfried, einer zehn Jahre älteren Frau mit zwei Kindern, verlobte, glaubte er der ersehnten Zweisamkeit nahe zu sein. Er bemerkte jedoch, verstrickt ins Kriegsgeschehen, kaum etwas von der Einseitigkeit der Beziehung, in die er unendlich viel Liebe hineintrug, ohne daß diese angemessen erwidert wurde. Zahlreiche Briefe an seine Braut sind in Monologform geschrieben, und so manches Mal beklagte sich Gerrit Engelke über fehlende Resonanz auf seine Post.

118. Gerrit Engelke, 1914
   Porträtphotographie

Die Photographie entstand während Engelkes Aufenthalt bei seinem dänischen Freund Martin Guldbrandsen in Faaborg (Dänemark), zu der Zeit, als Engelke an seinem „Don Juan" arbeitete.

---

[111] GW S. 396f.

Abb. 23
Gerrit Engelke, 1914.

119. Gerrit Engelke: Tagebuchblätter aus dem Krieg, 7. 9. 1916[112]
Tagebuchnotiz

112 Archiv der Gerrit-Engelke-Gedächtnis-Stiftung e. V., Hannover.

> (Tageb.)
>
> *Wie das Weib der Schoß, und der Mann das Hirn ist — so ist das Weib die Natur, und der Mann die Überwindung der Natur.*
>
> 7.9.26.

Das, was Gerrit Engelke bereits in seinem „Don Juan" in Ansätzen verdeutlichte und Richard Dehmel in seinem Roman „Zwei Menschen" vollends ausspricht, gibt der Hannoveraner komprimiert in seiner Tagebuchnotiz wieder: Der Mann als der aktive Teil innerhalb einer Zweierbeziehung muß auf dem Wege zur Vollendung, auf der Suche nach dem andauernden Liebesglück die Natur, d. h. das Weib überwinden. Nur deshalb verläßt Don Juan seine geliebte Frau Helena[113] und Dehmels „Zwei Menschen"[114] bleibt keine andere Möglichkeit, als sich wieder voneinander zu trennen.

120. Gerrit Engelke: Enttäuschung, Nov.(?) 1910
     Gedichthandschrift

Zusammen mit einem Brief sandte Gerrit Engelke diese Verse am 20. 11. 1910 an seinen Freund Martin Guldbrandsen. Es ist sein zweites Gedicht und entstand offensichtlich aufgrund des Verlustes seiner Jugendliebe Helene Kiem.

Bemerkenswert ist, daß Engelke bis zum Herbst 1911 — bis auf wenige Gedichte zum Thema Nacht — fast ausschließlich Liebeslyrik verfaßte.

---

113 Vgl. Engelke: Don Juan, 1. Buch, 5. Kapitel.
114 Vgl. Nr. 114 in diesem Kapitel.

Enttäuschung.

Meine Liebste, sie kam nicht –
Und der Abend war trüb – –
Ich wartete lange mit Ungeduld. –
Doch dann nicht mehr. –
Denn Sie kam nicht – – – – –
Und der vergangene Tag – war so trüb.

Lauter tönte das Straßengerassel
Und das Lärmen der zeitschlagenden Uhren
Zu mir. – – Und mit jedem Glockenschlag
Zerfiel die Hoffnung mir mehr.
Bis das sie mir ganz zu nichte gemacht
Durch die rastlos dahineilende Zeit.

Doch dann wards ruhiger draussen,
Und stiller in mir – – – – –
Und des betrübenden Tags vergaß ich –
Denn der Mond leuchtete – – –
Und die Sterne zitterten – –
Denn die Nacht kam schweigend herauf.

Und nichts, denn Friede war über Allem
Und Ruhe wurde in mir, – – –
Dann wars tiefste Nacht – – –
Und Schweigen. – – – –

Gerrit Engelke. 1910.

121. Gerrit Engelke: Sphinx, G. E. 10. 10. 1911
    Gedichthandschrift

Das in besonders schöner Gestaltung vorliegende Gedicht „Sphinx" verknüpft als erstes Gedicht Gerrit Engelkes eine Großstadtbeschreibung mit einem Liebesmotiv. Geschildert wird zunächst das „brodelnde" und „schäumende" Treiben einer Großstadt, bis plötzlich der suchende Blick eines Weibes den Beschreibenden „mit kalter Glut" verzehrt.

Gerrit Engelke griff in seinem „Don Juan" das Bild des suchenden Blickes im Treiben einer Großstadt erneut auf.[115] Die Bezeichnung des Weibes nach mythologischen Vorbildern, so wie sie für die Kunstrichtung des Symbolismus typisch war, verwandte Gerrit Engelke in späteren Gedichten jedoch nicht mehr.

122. Gerrit Engelke: Weib[116]
    1910 (Vermerk: „Aquarell?")

123. Gerrit Engelke: Frau neben Baum[117]
    Federzeichnung, o. J.

Ein einzelner an einem Baum am linken Bildrand lehnender offensichtlich verzweifelter Mensch — vermutlich ein Mann — wird von den wie Wurzeln fließenden zu Schlangen gewordenen Haaren einer Frau angegangen. In ihrem Motiv der einen verzweifelten Mann mit ihren Haaren „umgarnenden" Frau erinnert Engelkes Zeichnung an das 1894 entstandene Gemälde „Asche" des norwegischen Malers Edvard Munch.

Es ist nicht zu ermitteln, ob Engelke das genannte Gemälde gekannt hat. Sicher aber ist, daß Gerrit Engelke spätestens im Frühjahr 1914, als er für den „Hannoverschen Courier" eine Rezension über eine

---

115 Vgl. Nr. 112 in diesem Kapitel.
116 Die Zeichnung ist eine derjenigen, welche Engelke am 20. 4. 1914 an das hannoversche Kestner-Museum verkaufte und von dessen Original noch eine Photoplatte erhalten blieb. Sämtliche Originale wurden 1943 zerstört.
117 s. o.

Abb. 24
Gerrit Engelke: Frau neben Baum, Federzeichnung, o. J.

Ausstellung Munchs verfaßte[118], mit den Arbeiten des Künstlers in Kontakt kam.

124. Gerrit Engelke: Von Innen nach Außen, 29. 6. 1913

In „Von Innen nach Außen" stellt Engelke die Flucht vor den Gefühlen der durch Liebeskummer bedingten Einsamkeit hin zum ablenkenden Treiben der Großstadt dar. Die positiv anmutenden drei Endverse des Gedichts, die schon an dieser Stelle nicht ohne Ironie sind, werden spätestens als Schrei der falschen Hoffnung enttarnt, liest man das 4.

---

118 Vgl. Kapitel VI: Wege an die Öffentlichkeit, Nr. 74.

Kapitel (1. Buch) des Don Juan. Auch hier wird versucht, diesmal durch die Figur des Juan, das Schweifen nach Liebe durch das Eintauchen in das alltägliche Treiben einer Großstadt zu ersetzen. Der Versuch mißlingt und endet mit einer erneuten Flucht, diesmal in die Natur.

125. Gerrit Engelke: Beseeligung, 15. 7. 1914

Anfang Juni 1914 verweilt Gerrit Engelke ein letztes Mal bei Richard Dehmel in Hamburg-Blankenese. Er lernt dort eine Großnichte Dehmels, H. Hillmann kennen und verliebt sich sofort in sie. Wiederum entstanden eine Reihe von Liebesgedichten, die Engelke der geliebten Frau zusandte. Doch H. Hillmann lehnt eine engere Verbindung ab. Engelkes Hoffnung nach „Beseeligung" ging wiederum nicht in Erfüllung.

126. Gerrit Engelke: Ich kann nicht länger Ich nur sein, 21. 7. 1914
     Gedichthandschrift

Einmal mehr brachte Gerrit Engelke mit diesem Gedicht seine Sehnsucht nach Vollendung durch menschliche Zweisamkeit zum Ausdruck. In keinem anderen Gedicht jedoch formulierte er die Dringlichkeit seines Anliegens deutlicher.

Die Überschrift des Gedichts ist bereits als Vers in seinem kurz zuvor entstandenen Gedicht „Beseeligung" zu finden.

127. Gerrit Engelke: Frage, 21. 12. 1917.
     Gedicht

Ende November 1917 lernte Gerrit Engelke bei einem Besuch seines Freundes Jakob Kneip dessen entfernte Verwandte Annie-Mai Siegfried kennen. Der Soldat verliebte sich sofort in sie. Seine „Frage" wurde erwidert.

128. Gerrit Engelke: Romanze in allen Regenbogenfarben, 28. 4. 1918
     Gedichthandschrift

Ich kann nicht länger Ich nur sein

O immer dieser Mensch zu sein,
Immer nur dies eine eigne Herz zu spüren —
Und immer wieder dies grenzenlose Rühren,
Dieser Sehnsuchtsdrang: Zu Zwei'n
Zu einer Klarheit sich zu führen.
An jedem Abend ohne Regen sich zu fühlen,
Mir immer Zweifel sich zu gönnen,
Und nicht mit eigner Faust
Den Herzbrand ersticken können —
Nur fühlen, wie es schlimmer in den Sinnen raust,
Wie die Sehnsuchtsflammen weiter wühlen,
Wie der Brand sich hochbringt,
Durchdringt
Über dich hinausschwingt
Daß du ganz in Flammen stehst!
Und nicht weißt, ob du den Weg zu deinem Heile gehst.
Ich strecke wieder meine hundert Hände aus
Nach allen Herzen die verhüllt
Vielleicht erblüht einer doch daraus
Die eine schicksalreiche Wendung:
Daß sich in einer meine Welt erfüllt,
Daß Zwei sich einen zur Vollendung!   VI
    22.7.14. G.Z.

Viele der in den letzten Kriegstagen noch entstandenen Gedichte Engelkes wurden zu Liebesgedichten an die Braut. In Annie-Mai hatte Engelke endlich den lang ersehnten weiblichen Ansprechpartner gefunden. Endlose Briefe zeugen von seiner tiefen Zuneigung, die ihm das Graben-Leben zugleich erleichtert und erschwert hat.

Auch Gerrit Engelke letztes Gedicht mit dem Titel „An Dich", welches er am 10. 8. 1918 schrieb, ist ein Liebesgedicht an die Braut.

129. Gerrit Engelke: Briefe der Liebe. M. Gladbach und Köln 1926[119]
Erstausgabe
Schutzumschlag: Gerrit Engelke: Kopfstudie (Frau), Kohle und Bleistift, 1914
Mit Unterschrift von der Braut Annie Mai Siegfried auf der ersten Seite des Buches

Am 22. 11. 1917 sandte Gerrit Engelke seinen ersten Brief an seine zukünftige Braut Annie-Mai Siegfried. Allein der Umfang der bis zu seinem Tode im Oktober 1918 von ihm geschriebenen Briefe beträgt in der sechshundertseitigen Gesamtausgabe der Engelke-Werke genau 100 Seiten. Viele der oft seitenlangen Ausführungen scheinen in Monologform verfaßt, wobei dieser Eindruck dadurch unterstützt wird, daß in Engelkes Ausdrucksweise Parallelitäten zu Briefen an frühere Angebetete auftreten.
Und auch in diesen Briefen wird man noch an Richard Dehmels Roman „Zwei Menschen" erinnert:
„Wann wird uns der warme Tag glänzen, an dem wir einmal Hand in Hand wandeln, davon so heiß meine Sehnsucht immer träumt."[120]

130. Gerrit Engelke an Annie-Mai Siegfried
Brief vom 22. 11. 1917
Ausschnitt

Gerrit Engelkes erster Brief an die Braut ist eines der wenigen Dokumente, mit dem er selbst eine Beschreibung seines zurückhalten-

---

[119] Die Originale der von Engelke an seine Braut gerichteten Briefe befanden sich bis 1945 im Besitz von Annie-Mai Siegfried. Sie wurden am 4. 7. 1945 von den Alliierten im Haus Potsdam-Babelsberg, Kaiserstr. 71, beschlagnahmt.
[120] GW S. 514.

den Charakters gibt. Zugleich mit seinem umständlich hervorgebrachten Wunsch nach Zweisamkeit formuliert der Einsame auch, wenngleich auch in einem anderen Zusammenhang, die Kernaussage seines gesamten dichterischen Werkes: „Wir wollen alle leben. Miteinander!"

131. Gerrit Engelke an C. Seelig
 Brief vom 2. 7. 1918.

Dieser Brief Engelkes an den kurz zuvor neu gewonnenen Freund Carl Seelig[121] gehört zu den wenigen bekannten brieflichen Dokumenten, in denen sich Engelke direkt und vor allem ausführlich zum Thema Liebe äußert.

VII. Der Dichter des Pantheismus

Bis zum heutigen Tag immer wieder als Arbeiterdichter verkannt, hat Gerrit Engelke sich selbst als einen pantheistischen Dichter gesehen.

„Es ist inzwischen deutlich geworden: Engelke beginnt nicht als ‚Arbeiterdichter' mit Themen aus der Arbeitswelt oder gar mit Gedichten voll von sozialen Anklagen. Sein Thema ist nicht die materielle Not der Arbeiter, sondern das alle Menschen verbindende Leben als ein Zeichen der ständigen Präsenz Gottes. Er fordert nicht eine Veränderung durch höhere Löhne, sondern durch ein neues Weltgefühl. Davon sprechen seine Gedichte, und natürlich macht dieses Weltgefühl vor der Industriestadt und vor dem Fabriktor nicht halt."[122]

Engelkes Glaube kannte keinen auf eine bestimmtes Persönlichkeitsbild hin geprägten Gott, wie er z. B. für das Christentum galt. Er wollte nicht ein abstraktes, fernes und vergangenheitsbezogenes Mysterium anbeten. Für ihn war Gott in der Welt und die Welt in Gott. In dieser wechselseitigen Beziehung aber kann Gott in verschiedensten Gestalten, Bewegungen und Dimensionen auftreten. Mittels immer neuer Wortschöpfungen versuchte

---

121 Schweizer Schriftsteller und Verleger, der im Kontakt zu den „Werkleuten auf Haus Nyland" stand.
122 Dieter Schwarzenau: Der Dichter Gerrit Engelke. Teil 1. Kiel 1966, S. 114f.

der Pantheist Engelke deshalb, seinen wandelbaren Gott im weltlichen Zeitgeschehen zu benennen und sichtbar zu machen.

Engelke selbst erklärt in seinem Tagebuch „GOTTHEIT. ZEIT. UND ICH. Merkungen und Meinungen." den Unterschied zwischen dem pantheistischen und einem christlichen Dichter:

„Der christliche Dichter braucht nur Begriffsworte wie Gott, Maria, Himmel, selig — usw. zu setzen, so erweckt er bei dem christlichen Leser schon erhabene, wesenserfüllte Vorstellungen. Aber nicht seine eigenen, einfachen Meinungsworte, sondern neunzehn christliche Jahrhunderte begründen diese Wirkung.

Anders der pantheistische Dichter.

Sein Glaube ist eigentlich ein immer neues Gebiet, und er war dieses wohl auch in den wenigen pantheistischen Erscheinungen der alten Zeiten.

Er setzt bei dem Leser keinen Vorstellungsgipfel voraus, sein Glaube lebt und wirkt in die Breite.

Hat der christliche Dichter am Ende die gotische Domspitze erreicht, so ist zu gleicher Verhältniszeit der pantheistische Dichter in Nichts und Alles zerflossen."[123]

132. Gerrit Engelke: Schöpfung (17. 12. 1912)
    Gedicht
    In: DIE FLÖTE. Zeitschrift des Künstlerdanks. Hrsg.: Hans
    Martin Elster. 1920/21, S. 184—185

In seinem Gedicht „Schöpfung" aus dem Jahr 1912, welches er in dem 1916 erschienenen Gedichtband „Schulter an Schulter"[124] als Eingangsgedicht plazierte und das ebenfalls zu Anfang seines Gesamtwerks „Rhythmus des neuen Europa" (GW) steht, beschreibt Engelke eindrucksvoll den „All-Gebärer" bei der Erschaffung des Erdenlebens. Wichtigstes Ergebnis der Zeugung ist die Sonne, welche, geschaffen aus dem Hirn des „All-Gebärers", als sichtbares Himmelsgestirn den Menschen einen Weg in höhere Sphären öffnet.

In zahlreichen Gedichten Gerrit Engelkes steht sie, die die alltägliche Welt immer aufs neue mit Licht umgibt, stellvertretend für den in allem gegenwärtigen aber unsichtbaren Schöpfer.

---

123 GW 214, vgl. gleiches Kapitel, Nr. 152.
124 Vgl. Bibliographie, Kapitel I.

Die Plazierung des Gedichts gleich zu Anfang seines Gesamtwerks sowie in „Schulter an Schulter" wurde von Gerrit Engelke sicherlich nicht zufällig getroffen. Vielmehr sollte dem Leser der noch folgenden Gedichte von Anfang an klar sein, daß jeder Mensch und jeder Gegenstand ein Teil der Schöpfung ist und gleichzeitig den Schöpfer in sich birgt. Alle und Alles werden durch diese Tatsache zu einer Gemeinschaft, und egal, was in einem Gedicht beschrieben wird — sei es eine verlorene Liebe, sei es das hektische Treiben der Großstadt —, es muß unter der Berücksichtigung dieser Grundregel gesehen werden, auch wenn es nicht ausdrücklich so geschrieben steht.

133. Gerrit Engelke: Ich klopfe mit dem Schallwort-Hammer, 23. 11. 1912
Gedichthandschrift

Viele von Gerrit Engelkes Gedichten, die die Themen Alltagsleben und „neues Weltgefühl" miteinander verknüpfen, sind formal als ein Aufruf an alle Menschen gestaltet. Engelke folgt mit dieser „Appell-Lyrik" einer weit verbreiteten Manier seiner Zeit, die vor allem in der expressionistischen Dichtung zu finden ist.

Engelkes „Schallwort-Hammer"-Aufruf ist eines seiner besonders gut gelungen und sehr prägnanten Gedichte, da es mit rhythmisch freien Versen und einzelnen Wortneuschöpfungen den Arbeitsalltag besonders gut nachbildet. Die Bildhaftigkeit, mit der er versucht, in die Alltags-Köpfe der Menschen zu gelangen, wirkt vor allem aus heutiger Sicht komisch und vielleicht gerade deshalb ansprechend. Trotz fordernden Aufrufs erhebt Engelke nicht den moralischen Zeigefinger gegenüber den abgestumpften Menschen der Großstadt, der so manchen sicherlich zum Weghören veranlaßt hätte.

134. Gerrit Engelke: Ihr ‚Lebenden', Mai 1912[125]
Gedichthandschrift

„Ihr ‚Lebenden'" ist das noch in der konventionellen Form des Sonettes gehaltene Vorläufer-Gedicht zu „Ich klopfe mit dem Schallworthammer". An ihm wird neben Engelkes Fortschritten auf

---

125 Unveröffentlicht. Archiv der Gerrit-Engelke-Gedächtnis-Stiftung e. V.

> Ihr „Lebenden"
>
> Man muß euch erst mit Hämmern kommen,
> Zerschlagen Blech und Schüchtelei,
> Euch schreckend wecken mit Geschrei:
> Es ist Euch Blei ins Blut geschwommen!
>
> Der dumpfe Körper muß euch frommen
> Als Maske und Verkriechbastei
> Für eure Seelenkrämerei,
> Daß keine Regungen entkommen.
>
> Verkramt doch nicht das Herz im Kasten,
> Laßt Leidenschaften überwallen,
> Des Blutes Fahnen hißt auf Masten!
>
> Laßt wahre Froheit strömend schallen,
> Laßt länger nicht die Kräfte fasten:
> Nun laßt das Blut ins Leben wallen!
>
> G. E. Mai. 12.

dem Gebiet der Dichtung deutlich, wie notwendig die von den literarischen Expressionisten stets geforderte neue zeitgemäße Gedichtform ist, um modernes Zeitgeschehen treffend zum Ausdruck bringen zu können.

135. GOTTHEIT. ZEIT. UND ICH. Merkungen und Meinungen. 27. 12. 1913
Tagebuchnotiz von Gerrit Engelke

Die von Engelke bereits Ende 1913 selbst vorgenommene Dreiteilung seiner Dichtung ist auch heute noch für sein Gesamtwerk sinnvoll nachzuvollziehen.

[Handschriftlicher Text:]

In folgender Dreiteilung könnte vielleicht ein Kapitel über mich geschrieben werden (man kennt sich selbst am besten):
I. Der Weltmensch (Stadt- u. Weltgedichte).
II. Der Künstler (Einfache Gedichte u. Lieder).
III. Der Fantast (Kosmische Gedichte).

27.12.1?

Ist der „Weltmensch" Engelke dem heutigen Leser seines Werkes u. U. noch recht gut bekannt, so bedürfen der „Künstler" und „Fantast" einer rezeptorischen Erneuerung.

136. Gerrit Engelke: Wir Städter, 10. 1. 1913[126]
Gedichthandschrift

Die in ihrer Großstadtbeschreibung ein negatives Bild wiedergebenden hier vorliegenden Verse entsprechen in ihrer Aussage Engelkes Gedicht „Stadt"[127].

In beiden Gedichten gibt der Hannoveraner jedoch nicht, wie für die „Industrie-Dichtung" seiner Zeit üblich, eine Beschreibung sozialer Mißstände, wie sie im Milieu einer Großstadt zu finden sind; vielmehr läßt er gleichzeitig mit seiner Klage über eine steinerne und zu enge Atmosphäre der Stadt, die Alternative der „offenen Welt" in Form von Natur erkennen.

In den Gedichten „Die Stadt lebt", „Ich will heraus aus dieser Stadt" und „Weltwege" stellt er denn auch dem negativen Bild positiv die ersehnte Natur vor den Stadttoren und Überlegungen der Stadtflucht gegenüber.

---

126 ebd.
127 Vgl. Kapitel I.: „... die norddeutsche Art von Natur her ...", Nr. 15.

Wir Städter

Steinerne Wände versperren uns zwingend
Wege zur Freiheit: zu Wiese und Wald.
Glocke und Pendel, schlagend und schwingend
Halten am Ort uns mit starrer Gewalt.

Wir wissen nur wenig vom ebenen Lande,
Von Hügeln und Wässern, von Acker und Feld,
Vom Frühjahr dort draußen, vom Juli am Strande;
Vom wachsenden Jahre der offenen Welt.

Die Straßen verschieben sich ein in andre —
Erfüllt mit Getöse und mit Hasten und Zeit.
Lockt Morgens die Sonne: nun komm und wandre;
Da hörst du schon Trab: die Fabrikpfeife schreit!

Hoch über der Straße ein Viereck vom Himmel —
Wohl Blumen am Fenster, Gesträuche am Haus —
Doch sieht wer hinauf aus dem wirren Gewimmel?
Verstäubt ist das Grün — winkt Sommer daraus? —

Doch manchmal da zieht es uns mächtig ins Freie:
Nach sechs schweren Tagen, von Arbeit durchgellt;
Im Sonntagsgewande wir Menschen in Reihe
Ziehn plaudernd hinaus in die offene Welt!

Und hinter uns liegen die drückenden Mauern.
Wir lagern im Grünen, wie Wand' rer matt.
Wie lang aber darf unser Fliehen auch dauern? —
Wir tappeln am Abend zurück in die Stadt.

Wir leben dahin in Werkstatt und Zimmer,
Auf Pflaster, auf Treppen, auf Zweirad und Bahn,
Gebunden als eigene Knechtlinge immer —
Im städtischen Meere ein treibender Kahn.

Im brüllenden Toben — die Zeit schleichet leise:
Das Kind in der Schule wird werkender Mann,
Der Mann sich verwerkt bis zum nutzlosen Greise.
Wir wachsen und sterben in steinernem Bann.

G. E. 10. 1. 13.

Daß Gerrit Engelke selbst ein „Kind der Großstadt" war, zeigt sich deutlich an seinem Gedicht „Großstadtsehnsucht". Es entstand während Engelkes Aufenthalt bei seinem Freund Jakob Kneip in der Schloßmühle zu Oranienstein bei Diez an der Lahn.

Noch vor dem Antritt des Besuchs schrieb Engelke: „Ich habe in den letzten Wochen hier immer gejammert: ich möchte raus aus Hannover, denn — immer dieselben Straßen, dieselben Menschen — man wird so stumpf."[128]

Doch Engelke wurde der idyllischen Umgebung der Schloßmühle bald überdrüssig. Es zeigte sich: Das Verhältnis des Hannoveraners zu seiner Stadt war dasjenige einer Haß-Liebe.

---

[128] GW 359.

137. Gerrit Engelke: Rauchender Mann, 1908
    Zeichnung

    Mit „Rauchender Mann" porträtierte Gerrit Engelke den Schuhmacher Karl Hartlep, der in der Vahrenwalder Straße 20 III ansässig war.

138. Hannover, Celler Straße
    Photographie, o. D. (ca. 1915)

    Anhand einiger Briefe, die Engelke an Freunde und Bekannte schrieb, läßt sich rekonstruieren, daß er seit spätestens Februar 1913 bis wenigstens Januar 1914 im Haus der Celler Str. 154 I wohnte.

Abb. 25
Hannover, Celler Straße, o. J.

139. Gerrit Engelke: Lied der Kohlenhäuer
In: Hannoverscher Kurier. Tägliche Unterhaltungsbeilage.
62. Jhrg., Dienstag, 23. 3. 1915, S. 10.

Mit dem Gedicht „Lied der Kohlenhäuer" ist Gerrit Engelke eine bemerkenswert gute Verknüpfung von Gedichtform und -inhalt gelungen. Durch den ständig wiederkehrenden Refrain „Wir wracken und hacken ..." erreicht er eine rhythmisch fortlaufende Bewegung durch alle Verse, die den Arbeitsrhythmus der Bergleute im pochenden Bergwerk besonders gut wiedergibt. Die in anderen Gedichten von Engelke nur selten gebrauchten Reimschemen unterstützen den Fluß des Gedichts zusätzlich. Sie bewirken zusammen mit dem Refrain einen einen einfachen liedhaften Charakter des Gedichts.

Engelkes Kohlenhäuer singen bei der Arbeit ihr Lied. Sie bringen keine klagenden Worte hervor, sondern Verse, die selbstbewußt den Stolz ihrer Klasse zur Schau stellen. Sie sind es, die alle Bewegung über Tage am Leben erhalten:

> *„Wir speisen sie Alle mit nährender Wärme:*
> *Den pflügenden Lloyd im atlantischen Meer:*
> *Die erdenumkreisenden Eisenzug-Schwärme:*
> *Der Straßenlaternen weitflimmerndes Heer:*
> *Der ragenden Hochöfen glühende Därme:*
> *Wir nähren sie Alle mit Lebensblut-Wärme!"*

Das am 20. 11. 1912 von Engelke verfaßte Gedicht gehört heute zu den bekanntesten seiner Großstadt- und Industrie-Gedichte.

In zahlreichen Anthologien und Schulbüchern wird es als Beispiel der Arbeiterdichtung angeführt.

140. Paul Zech: Das schwarze Revier. Lyrische Flugblätter. Berlin Wilmersdorf 1913.
Titelblatt: Holzschnitt von Ludwig Meidner

Mit seinem Gedicht „Lied der Kohlenhäuer" griff Gerrit Engelke ein zu seiner Zeit beliebtes Thema aus den Reihen der Arbeiter- und Industriedichtung auf. Neben den „Werkleuten auf Haus Nyland" gaben Dichter wie Karl Bröger (1886—1944), Heinrich Lersch (1889—1936) und Paul Zech zahlreiche Beschreibungen der Bergar-

beiterwelt, die von jeher mit sozialem Elend gleichgesetzt wurde. Die von ihnen wiedergegebenen Alltagsbilder sind, im Gegensatz zu Engelkes selbstbewußten „Kohlenhäuern", jedoch anklagend, traurig und düster. Der bei Engelke erkennbare Stolz einer Arbeiterklasse weicht der Resignation.

Die im vorliegenden Buch abgedruckten Gedichte wie z. B. „Streikbrecher" oder „Kleine Katastrophe" geben ein ausschließlich grausiges und hoffnungsloses Bild vom Alltag einer abgestumpften Arbeitermasse. Ihnen entspricht das Titelbild der Gedichtsammlung. Der von Ludwig Meidner gearbeitete Holzschnitt zeigt die hohlen, fordernden und zugleich resigniert blickenden Gesichter einiger Bergarbeiter vor dem Hintergrund eines Reviers.

141. Gerrit Engelke: Die Fabrik, o.J.
    Gedicht

Engelkes Gedicht „Die Fabrik" bezieht sich offensichtlich direkt auf die Conti-Werke an der Vahrenwalder Straße. Für Engelke, der seit seiner Kindheit im Umkreis des Stadtteils Vahrenwald gewohnt hatte, war die Fabrikanlage ein alltäglicher Anblick.

Angaben, nach denen Gerrit Engelke selbst bei der Firma Hanomag, welche Lokomotiven herstellte, gearbeitet habe[129], sind eher unwahrscheinlich, da Engelke in keinem seiner Briefe oder Tagebucheintragungen eine derartige Tätigkeit erwähnt.

Auch für dieses sehr bekannte Gedicht Engelkes lassen sich, wie für fast alle seiner „Industrie- und Großstadtgedichte", angesichts der rapide zunehmenden Industrialisierung und Technisierung der Großstädte[130], thematische Parallelen in der zeitgenössischen Dichtung finden. Da das Entstehungsdatum des Gedichts jedoch unbekannt ist, lassen sich direkte Vorbilder aus der sich oft ähnelnden „Fabrik"-Dichtung nicht mehr herauskristallisieren.

---

129 „In der Wörthstr. geboren ...". In: Hannoverscher Anzeiger, Mittwoch, 12. 10. 1938.
130 In Hannover waren bis 1890 bereits alle größeren Industrieansiedlungen erfolgt. Zu den bekanntesten Firmen gehörten: Hanomag (gegr. 1835); Hannoversche Baumwollspinnerei und -weberei (1853); Brauerei „Brande & Mayer" (spätere „Lindener Aktien Brauerei", gegr. 1854); Körting 1889.

142. Blechschild der Fa. Caoutchouk und Guttapercha-Compagnie (Conti-Werke), um 1913
52 x 74 cm

143. Tabelle der erwerbstätigen Personen in Hannover
In: Adreßbuch. Stadt- und Geschäfts-Handbuch der Königlichen Haupt- und Residenzstadt Hannover. 1913

Seit 1890, Engelkes Geburtsjahr, wuchs die Bevölkerungszahl der Stadt Hannover um ein Doppeltes von 162 901 auf 225 317 Personen. Seit 1904 wurden in Hannover jährlich mehr als 40 Firmen neu gegründet, im Jahr 1910 sogar 56.

144. Gerrit Engelke: Auf der Straßenbahn, 10. 6. 1913
Gedichthandschrift

1872 nahm Hannover seine erste Pferdebahnlinie zwischen dem Königsworther Platz und Döhrener Turm in Betrieb. Bereits 1893, ein Jahr nach der Gründung der „Straßenbahn Hannover A.G.", fuhr dann auf der Linie Königsworther Platz–Herrenhausen die erste Straßenbahn mit elektrischer Oberleitung. Das „schnelle" Verkehrsmittel verdrängte nach und nach den Transport durch Pferdefuhrwerke.

Engelkes „Auf der Straßenbahn" gibt nicht nur die kraftvolle, eigenständige und bestaunenswerte Fortbewegung des öffentlichen Verkehrsmittels wieder. In der dritten Strophe erfährt der Leser sogar durch einen Panorama-Blick aus dem Straßenbahnfenster von zufällig vorbeiziehenden Großstadteindrücken. Allerdings bleiben diese nur Fragment. Zu sehr nimmt das Phänomen der Maschine mit all seinen Geräuschen und Bewegungen den Fahrgast in sich auf. Erst ein Klingelzeichen weckt ihn aus dem „Stromgesang".

145. Erste elektrische Straßenbahn in Hannover mit Oberleitung auf der Strecke Königsworther Platz–Herrenhausen im Jahr 1893.
Photographie

Abb. 26
Erste elektrische Straßenbahn in Hannover mit Oberleitung auf der Strecke
Königsworther Platz—Herrenhausen im Jahr 1893.

146. Gerrit Engelke: „Frühling", 20. 4. 1914
Gedichthandschrift

Am Tag der Entstehung dieses Gedichts hatte das hannoversche Kestner-Museum ca. 70 Zeichnungen von Gerrit Engelke gegen die versprochene Summe von 300,— M angekauft. Unter dem Einfluß dieses glücklichen Ereignisses, schrieb der ansonsten von Geldnot geplagte Hannoveraner sein fröhlichstes und wohl zugleich schönstes Stimmungsgedicht.

Vollständig gelingt ihm die Vereinigung von Mensch und frühlingshafter Natur. Vögel, Bäume, Wiesen und Wege werden zu einem Teil der Ich-Person, die auf diese Weise teilhaftig wird am aufblühenden Leben.

Frühling

Es singt in mir mit Vogelstimmen,
Der Himmel blaut, Lüfte schwimmen.
Die Sonne glüht in meinem Blut
Und Wiesen heben sich so grün,
Die vielen Bäume stehen da so gut
Und wollen immer mehr noch Knospen blüh'n
Ins weitverstrahlte Licht.

Die Wege gleiten langsam auf und nieder,
Durch mich hin; mein Blick grünt auf im Raum,
Und Baum und Ich und Busch sind froh im gefiederten
In Baum und Halm fließt meine Seele im blauen
Und da, aus diesem schönen Blütenstrauch Raum:
Da singt mein Herz aus einer Vogelkehle:
Ich blühe weil ich Frühling bin!

20.4.14. G.E.

147. Gerrit Engelke: Mittags unterm Baume liegend, 15. 6. 1917
Gedichthandschrift

In den letzten Kriegsmonaten griff Gerrit Engelke nur noch selten zum Stift, um Gedichte niederzuschreiben. Das Stimmungs- und Naturgedicht „Mittags unterm Baume liegend" beschreibt charakteristisch, wie er seine „Freizeit" im Feld verbrachte. Die Liebe zur Natur ging dabei so weit, daß er seiner Braut Annie-Mai Siegfried[131], ein Kästchen mit Wiesenblumen zusandte: „Mit diesem Brief sende ich auch das Blumenkästchen ab — mögen sie nicht gar so geknickt ankommen und Dir mehr sagen und bedeuten als sie scheinen. Komm mit auf meine Wiese! Sitz neben mir, schau in die Wolken, die noch immer weiter ziehn — in Blütenbäume — spür den süßen Ruch des lebenden Grases — (...)."[132]

131 Vgl. Kapitel VI: „Weibliebe ohne Erfüllung", Nr. 127—130.
132 Engelke an Annie-Mai Siegfried, Brief vom 2. Pfingsttag 1918.

148. Gerrit Engelke: Nachtsegen, 6. 9. 1913
Gedichthandschrift auf Büttenpapier

„Nacht (Eine Hymne)" hieß das erste Gedicht, welches Engelke im September 1910 schrieb. Diesem gleichzeitig eindrucksvollsten seiner Nachtgedichte folgten über Jahre hinweg immer wieder neue.[133] „Tiefe aller Tiefen" nennt er die Nacht in seinem ersten Gedicht. Sie ist Befreierin von der Schwere des irdischen Daseins, Heimat der „Allseele", bringt Ruhe und Frieden in das hektische Treiben der Großstadt. Sie dringt vor in den Bereich der Seele, des Herzens der Menschen und unterbreitet der offenen Seele eine „feierliche Welt".

> *„Die Stadt ist traurigtot — als wenn sie unbewohnt —*
> *Doch himmeloben glüht der Mond:*
> *Doch himmeloben glühen große Leben*
> *Über unsern dunstigdunklen Nachtschlaf-Sphären ..."[134]*

Engelkes Nachtgedichte sind mehr als der Ausdruck eines friedlichen Gefühls des durch Alltagsarbeit müden Menschen. Sie fordern auf zur Suche nach Höherem, Göttlichen in der Zeit, in der die Stadt „traurigtot" ist. Bemerkenswert ist, daß Engelke so, wie er in der Sonne ein Göttliches Gestirn sieht[135], ebenfalls in vielen Nachtgedichten die Sterne als Träger eigentlichen, d. h. göttlichen Lebens bezeichnet.

Gerrit Engelkes sämtliche Nachtgedichte sind aufgrund ihres pantheistisch-religiösen Hintergrunds nicht mehr eindeutig seinen „einfachen Gedichten und Liedern"[136] zuzurechnen, jedoch auch noch keine Gedichte des „Fantasten" Engelke.

149. Gerrit Engelke: Hohe Nacht, 29. 3. und 31. 3. 1914
Gedichthandschrift

---

133 Vgl. Anm. 38.
134 Engelke: „Nachtgedanken", o. J.
135 Vgl. gleiches Kapitel, Kommentar zu Nr. 156.
136 Vgl. Faksimile-Abdruck zu Nr. 135 in diesem Kapitel.

150. Paul Zech: O ihr aufgesparten Abendstunden
    Nachtgewitter
    In: Paul Zech. Die Eiserne Brücke. Neue Gedichte.
    Leipzig 1914, S. 74/75

Gerrit Engelkes Nacht-Gedichte sind vergleichbar mit vielen anderen Gedichten seiner Zeit zum gleichen Thema. Als Beispiele seien hier zwei Gedichte von Paul Zech genannt.

Sieht jedoch Gerrit Engelke die Nacht als Spielraum himmlischer Sphären und Chance zur eigenen Seelenfindung für den Menschen, so klingen Zechs Verse — und viele andere seiner Zeitgenossen — wesentlich negativer. Der Abend ist Ruhe vor dem Alltag der Fabriken, Zeit der tagsüber kompensierten Gefühle des Menschen. Die Nacht aber ist Schlaf, und nur Gewitter ängstigen den Menschen und lassen Ihn beten. Kann Engelke die Nacht als einen eigenen der Stadt gegenübergestellten Raum interpretieren, so betrachten viele Dichter seiner Zeit die Nacht lediglich als „Ruhestellung" des Arbeitsalltags, gekennzeichnet durch ein Nichtvorhandensein von Lärm und Straßengewimmel.

151. Gerrit Engelke: Abendliche Straße mit zwei Laternen und weiblicher Figur
    Aquarell, ohne Sign., 19,2 x 11,0 cm

152. GOTTHEIT. ZEIT. UND ICH. Merkungen und Meinungen. 19. 2. 1913
    Tagebuchnotiz von Gerrit Engelke

Die Tagebuchnotiz Gerrit Engelkes unterscheidet zwischen einem christlichen und dem pantheistischen Dichter, wobei der Hannoveraner sich eindeutig dem Pantheismus zugehörig fühlt. Besonders hebt er hervor, daß der pantheistische Glaube lebendig sei und in seiner Vorstellungswelt ungebunden, während der christliche Glaube, durch Begriffe bestimmt, starr ist.[137]

---

137 Die Tagebuchnotiz wurde im kapitelüberschreibenden Kommentar vollständig zitiert.

153. Gerrit Engelke: Der rasende Psalm, 3. 10. 1912
Gedichthandschrift

Einen deutlichen Ausdruck seiner pantheistischen Weltanschauung findet man in Engelkes wortgewaltigem Gedicht „Der rasende Psalm". Nach der allein 15 Verse langen Anrede Gottes mit den unterschiedlichsten Namen zu Anfang des Gedichts wird in weiteren Mensch- und Großstadteinzelheiten aufzählenden Zeilen deutlich, daß Gott — egal welchen Namen er auch trägt — in allen Dingen, in allem Leben und in allem Handeln für Engelke vorhanden ist. Ebenso wie in dem Gedicht „Ich klopfe mit dem Schallwort-Hammer" geht es hier um die Verdeutlichung dieser allgegenwärtigen göttlichen Präsenz. Nur ruft Engelke diesmal den „Anfangsall-Gebärer" zusätzlich um Unterstützung an. Er bittet um eine „Böller- und Weltenpauke" als das Mittel, welches es dem Dichter ermöglicht, die allgegenwärtige Gottespräsenz den Menschen erkenntlich zu machen.

154. Gerrit Engelke: Wirbal, 20. 7. 1912
Gedichthandschrift

„Wirbal", eines der ersten fantastischen und kosmischen Gedichte Gerrit Engelkes, verbindet verschiedene Themenmotive anderer Gedichte Engelkes miteinander. Wieder schneidet Engelke das Thema Nacht an. Doch diese Nacht ist nicht die Nacht, die über der ruhenden Stadt liegt, sondern eine „Weltraum-Nacht". Gemeinsam mit allen von Engelke bereits beschriebenen Nächten hat sie eine erlösende Funktion. Kern der dichterischen Aussage jedoch ist die Suche nach der allumfassenden Liebe. Hatte Engelke zuvor meist den Verlust der irdischen Liebe in Verse gebannt, bzw. diese irdische Liebe herbeibeschworen, so tritt Liebe in diesem Gedicht erstmals als eine kosmische Macht in der Person des „Wirbal" auf. In späteren Gedichten und Notizen wird bei Engelke nur noch von dieser kosmischen Liebe nicht als das Ziel eines einzelnen, sondern als einigendes Glied innerhalb der Menschheit gesprochen.[138]

---

138 Vgl. z. B. Brief an Carl Seelig vom 2. 7. 1918. GW S. 487.

155. Gerrit Engelke: Vollendung, 6. 5. 1914
   Gedichthandschrift

   Vollendung

   Ich suche mich selbst in der Welt;
   Bäume und Halme und Wind saug ich ein.
   Ich wachse.

   Ich wachse, ich lebe mit selber zu;
   Von Stunden zu Tagen, von Morgen zu Morgen,
   Ich werde unendlich.

   Ich suche den Gott und ringe mir selber zu;
   Denn in mir erglüht,
   Denn aus mir strömt der Gott in die Welt!

156. Gerrit Engelke: Sonne, 18./19. 5. 1918
   Gedicht

Engelkes erstes und einziges Gedicht zu dem von ihm in vielen Gedichten hervorgehobenen Gottes-Gestirn Sonne entstand nur wenige Monate vor seinem Tod. Es ist zugleich sein letztes kosmisch-pantheistisches Gedicht.

Zum Zeitpunkt seiner Entstehung befaßte sich Gerrit Engelke besonders intensiv mit Leben und Werk des amerikanischen Dichters Walt Whitman (1819—1892). Deutliche Einflüsse dieser Lektüre zeigen sich im hymnenartigen Charakter des Gedichts und einer stark pathetischen Ausdrucksweise.

Anhand einer atemlosen Aufzählung von konkreten einzelnen Wirklichkeiten, angefangen bei den Farnwäldern erster Tage bis hin zum Treiben der Großstädte Berlin, New York und Brooklyn, verdeutlicht er die Raum- und Zeitlosigkeit des „Glutgestirns" Sonne. Als ein Teil von Gottes Hirn[139] taucht sie die gesamte Welt in ein strahlendes Licht zum Zeichen der Allgegenwärtigkeit Gottes in allen Menschen, allem Geschehen und allen Dingen.

---

139 Vgl. Engelke: „Schöpfung", Nr. 132 in diesem Kapitel.

„Du Gottesgestirn, flammensausender Blick und Auge ungeheuer:
Du hältst, umwärmst und brennst mit deiner Güte Feuer:
Gewölk, Getier, Gezeiten, Menschheit aller Zonen,
Erdniedersingend, himmelüberschwingend in Aeonen,
Äquator, Pol — Europa und auch Asien?
O, unser aller, meine, deine lebenheiße Welt
Von unaufhörlich gutem, ewig großem Tage überhellt,
Von Sonne! Sonne! Sonne!

VIII. „Rhythmus des neuen Europa"

Gerrit Engelke stand der Technisierung und Industrialisierung seiner Zeit, wie er sie in der Großstadt Hannover genügend kennengelernt hatte, mit geteilten Ansichten gegenüber. Einerseits spiegelte sich dem pantheistischen Dichter in jeder neuen Errungenschaft, sowie im Großstadttreiben überhaupt, der begrüßenswerte starke Wille eines göttlichen Waltens wieder. Andererseits erkannte Engelke, daß mit zunehmender Industrialisierung und Technisierung und durch eine Überfülle sich daraus ergebener nicht mehr zu verarbeitender Einflüsse, das Individuum Mensch seine Orientierung verlor. Hatte bis ins späte 19. Jahrhundert jeder Einzelne noch sein eigenes überschaubares und meist kirchlich geprägtes Weltbild, so wurde dieses nun durch eine Vielzahl sich aufdrängender diffuser Einflüsse zerstört. Eine seelische Verkümmerung der Menschen, so wie sie Gerrit Engelke oft in seinen Tagebuchnotizen monierte, war die Folge.

Engelke war nicht der einzige und erste Dichter, der diese Großstadtphänomene wahrnahm und daraus folgernd nach einer neuen Dichtung suchte, die dem Individuum eine „neue Welt" vermitteln sollte. Vor allem die unter dem Begriff des literarischen Expressionismus zusammengefaßten literarischen Werke nahmen sich dieser Aufgabe an. Zahlreiche Dichtungen, die in der Phase des frühen Expressionismus ab 1911 entstanden, stellten zunächst das hereingebrochene Chaos fest. In weiteren Gedichten entstanden dann die unterschiedlichsten Entwürfe einer „neuen Welt".[140]

---

140 Zum literarischen Expressionismus, sowie zu ihren Neuerungen in Sprache, Form und Inhalt vgl.: Kemper/Vietta: Expressionismus. München 1983.

Gerrit Engelkes Gesamtwerk „Rhythmus des neuen Europa" läßt sich mit seiner Lehre vom neuen Menschen und der Menschenbrüderlichkeit am ehesten dem an Friedrich Nietzsche orientierten „messianischen Expressionismus"[141] und der nach einer Dichtung des Pantheisten Franz Werfel (1890—1945) benannten „O Mensch"-Lyrik zuordnen.

157. GOTTHEIT. ZEIT. UND ICH. Merkungen u. Meinungen. 15. 8. 1914
   Tagebuchnotiz von Gerrit Engelke

> Wir konstruieren ganz erstaunliche Wunder der Technik: kilometerlange Brücken, wolkenhohe Häuser, Luftschiffe und andere rasendschnelle Beförderungsmittel – und denken nicht, daß wir nicht glücklicher dadurch werden, daß wir nur Hast und Angst in unser Leben tragen: daß wir nur schneller leben – und daß wir uns immer mehr vom Materiellen, von Stahl und Dampf und Elektrizität, daß wir uns immer mehr von den neuen Mitteln zu neuen Bedürfnissen, die wir unnötiger- und zwecklosenweise uns schaffen, – knechten lassen!
> Wann werden die Kräfte, die jetzt nur für den äußeren Menschen angewandt werden – auf den inneren gerichtet?
> 15. 8. 14

---

141 ebd.

158. GOTTHEIT. ZEIT. UND ICH. Merkungen und Meinungen. 22. 5. 1914
    Tagebuchnotiz von Gerrit Engelke

> Keine Zeit kann sich vom Materiellen frei machen. Darum wollen wir nicht: Überwindung des Materialismus, sondern: Durchgeistigung desselben. Solches ist uns bitter not. [13]
> 22.5.14.

159. GOTTHEIT. ZEIT. UND ICH. Merkungen und Meinungen. 24. 8. 1914[142]
    Tagebuchnotiz von Gerrit Engelke

Wie in den beiden voranstehenden Tagebuchnotizen fordert Gerrit Engelke auch in dieser Notiz, sich nicht durch Materialismus vereinnahmen zu lassen, sondern diesem eine eigene neue Seelen- und Gefühlswelt entgegenzusetzen. Besonders treffend beschreibt er die „Zersetzung" einer Gesamtheit durch Industrialisierung und Technisierung am Beispiel der „menschlichen Arbeitstätigkeit".

Seine Kritik gilt weiterhin der Dichtung und Malerei, die durch „Zuspitzung der Ausdrücke" eine solche „Zersetzung" unterstützt.[143]

160. Die Aktion. Wochenschrift für Politik, Literatur, Kunst. Hrsg.: Franz Pfemfert. 2. Jhrg., Nr. 50, 11. 12. 1912,
    Titelseite

---

142 GW 222f.
143 Vgl. hierzu Kommentar vor Nr. 84 in Kapitel IV.: Wege an die Öffentlichkeit.

Die Aktion

WOCHENSCHRIFT FÜR POLITIK, LITERATUR, KUNST

Zweiter Jahrgang | Herausgegeben von Franz Pfemfert | Nr. 50 :: 11. Dez

Redaktion: Manuskripte, Rezensions-, Tausch-Exemplare etc. sind an den Herausgeber, Berlin-Wilmersdorf, Nassauischestrasse 17 zu senden :: :: Telephon Amt Pfalzburg Nr. 6242 Unverlangt. Manuskript. ist Rückporto beizufügen

Erscheint Mittwoch

Abonnement: Mk. 2.— vierteljährlich (exkl. Bestellgeld) bei allen Postanstalten, Buchhandl. etc. oder durch Kreuzband gegen M. 2,50 durch den Verlag der "Aktion" Berlin-Wilmersdorf, Nassauische-tr. 17 :: Kommiss. O. Braun, Leipzig

UNSERE HOFFNUNG

I.

Deutschland ist in seiner Entwicklung auf einem toten Punkt angelangt. Unser politisches Dasein, das ja nie überreich an Geist war, das vielmehr nur einen zähen Kampf um merkantile Interessen bedeutete, unser politisches Dasein ist zuchthausgrau, armselig, mumienhaft geworden. Dass der deutsche Normalhemdbürger keine Ideale kennt, wussten wir ewig; aber ehemals ereiferte er sich immerhin für seine Geschäfte, ehemals besass er so etwas wie einen Geldschrank-Enthusiasmus. Das war. Heute ist der Deutsche das hilfloseste Geschöpf, das je die Weltgeschichte behelligte. Er ist zu feige, um offen für die gute alte Sklaverei einzutreten, ihm fehlt die brutale Faust der russischen Zarendiener. Und im Lichte der neuen Zeit fühlt er sich unglücklich, wie die Fledermaus in der Sonne. Wäre er nicht so völlig blutarm, so absolut leidenschaftslos, er würde wenigstens in der Sittengeschichte der Völker eine Rolle spielen; er würde sich als Geschlechtsterchen austoben, um sein politisches Kastratenschicksal zu vergessen. Aber auch hierzu reicht es nicht. Es reicht höchstens zur viehischen Lusternheit, nie zur verdorbten Schweinerei.

II.

Deutschland ist in seiner Entwicklung auf einem toten Punkt angelangt. Es geht bergab. Vergeblich tastet eine verlorene Generation nach Halt und Rettung. Ein politischer Bankrotteur, greift Deutschland nach dem Phrasenfusel; aber Besoffenheit kann den Geist nicht ersetzen, ohne den ein Volk zugrunde gehen muss. Es hat eine Zeit gegeben, da machte es nicht das bierselige „Deutschland, Deutschland, über alles ..." Die Zeit ist vorbei, und das Lied klingt heute wie ein alter Gassenhauer. Wenn nicht jetzt eine deutsche Jugend ersteht, mit neuen Ideaen, mit der Liebe zum Geiste im Herzen, dann ist das schwarzweissrotgefleckte Tier erledigt. Wird diese Jugend kommen? wird sie, angeekelt vom Stumpfsinn der Erzeuger, den freiwilligen Calehaustod wählen? oder wird sie sich aufrütteln? wird sie die grosse Abrechnung halten, den Geist aufrufen zur Herrschaft?

Sie hat, heute schon, die Führer, wenn sie sie will. Nichts braucht sie hinüberzunehmen in den neuen Tag, sie darf nichts hinübernehmen. Wird die deutsche Jugend kommen?

III

Deutsche Jugend! Wie verlogen, wie unmöglich das klingt. Wir haben deutsche Gendarme, deutsche Soldaten, deutsche Schnurrbartbinden, deutsche Gefängnisse, deutsche Professoren. Aber schon wenn wir vom deutschen Geist sprechen, werden wir verlegen sein. Deutscher Geist, das ist etwas Hosenbodiges, etwas Holziges. Wenn's hoch kommt, denken wir dabei an Adolf Bartels aus Weimar, wenn niedrig geht, an Bethmann Hollweg. Deutsche Jugend, ... das ist überhaupt nicht auszudenken.

IV.

Und trotzdem hoffen wir auf die deutsche Jugend. Wir hoffen auf eine revolutionäre deutsche Jugend, die sich von den Fesseln polizeilichen Denkens befreit, die nicht in dem leerköpfigen Bänkelsänger Theodor Körner ein Ideal besitzt, die in dem dummen Dreibund-Spiel der Väter einen Entmündigungs-Anlass sieht, die nur eine Ehrfurcht kennt: die Ehrfurcht vor dem Geist. Eine bürgerliche internationale Jugend erhoffen wir in Deutschland. Und sie wird kommen.

Franz Pfemfert.

Abb. 27
Die Aktion. Wochenschrift für Politik, Literatur, Kunst.
Hrsg.: Franz Pfemfert. 2. Jahrg., Nr. 50, 11. 12. 1912, Titelseite.

In der Zeit des Aufbegehrens der literarischen Jugend gegen traditionelle Vorbilder setzte die Zeitschrift „Die Aktion" die deutlichsten Akzente. Unter dem Namen dieser in ihren Anfangsjahren überwiegend vom Expressionismus geprägten Zeitschrift veröffentlichten u. a. namhafte Autoren wie Heinrich Mann, Iwan Goll, Karl Schmitt-Ruttluff, Johannes R. Becher, Max Brod, Franz Werfel, August Strindberg, Gottfried Benn, Alfred Lichtenstein usw.

Franz Pfemfert, Verleger und Herausgeber der „Aktion" schrieb bereits 1914 selbstbewußt und treffend über seine Zeitschrift: „Das wichtigste, temperamentvollste, mutigste, moralischste Wochenblatt der jungen Literatur um 1910 war die Berliner ‚Aktion'. Hier (wird der Geschichtsschreiber sagen) haben die besten Köpfe des Jungen Deutschland ihre ersten Schlachten geschlagen, (...)"[144]

161. Gerrit Engelke: Wir Jugend, 23. 3. 1912[145]
    Gedichthandschrift

In seinem Gedicht „Wir Jugend" fordert Engelke seine Altersgenossen dazu auf, mit den Traditionen der Alten zu brechen. Diese nicht sehr originelle Forderung war typisch für das Denken seiner Generation, wie man zahlreichen Zeitschriften und Manifesten mit den unterschiedlichsten Programmatiken entnehmen kann.

Am konsequentesten kam die Zeitschrift „Die Aktion" der Forderung Engelkes nach. Das Engelke, der sich in der künstlerisch-literarischen Zeitschriftenlandschaft sehr gut auskannte, diese Zeitschrift kannte, ist anzunehmen, wenngleich nicht nachzuweisen.

162. Friedrich Nietzsche: Also sprach Zarathustra.
    Ausgabe: Nietzsche's Werke. Hrsg.: Elisabeth Förster-Nietzsche.
    Erste Abteilung. Bd. VI., Leipzig 1899

Zum Leitbild des literarischen Expressionismus wurde Friedrich Nietzsche und sein Buch für „Alle und Keinen": „Also sprach

---

144 Die Aktion. 1911—1918. Wochenschrift für Politik, Literatur und Kunst. Hrsg.: Franz Pfemfert. Eine Auswahl von Thomas Rietzschel. Köln 1987, S. 2.
145 Schwarzenau 16.

Zarathustra". Auch Gerrit Engelke kannte und schätzte den „Zarathustra" sehr.

Als einer der ersten hatte Nietzsche die Entfremdung zwischen Ich und Welt erkannt und diese Entfremdungs- und Dissoziationserfahrung in seinem Werk zum Ausdruck gebracht.

„Gott ist tot" ist daraufhin Zarathustras niederschmetternde Botschaft, was nichts anderes bedeutet, als daß die Menschen nun auf sich allein gestellt, ohne einen Orientierungspunkt, d. h. eine von christlicher Religion festgelegte Weltordnung, sind. Nietzsches Antwort auf diese Situation der Orientierungslosigkeit lautet: „der Übermensch sei der Sinn der Erde."[146]

163. Gerrit Engelke: Das Weltrad, 10. 8. 1913
    Gedichthandschrift auf Bütten

Gerrit Engelke schildert in seinem Gedicht ein für seine Zeit charakteristisches Weltgefühl. Aus dem Teilnehmen-Wollen am Weltgeschehen wird ein Muß, ein Erfaßtwerden durch die schnellen Räder der Zeit. Ergebnis ist Ratlosigkeit und Unwissenheit: „Das ist alles, was ich weiß:". Eine eindeutige Einordnung in das Geschehen der Zeit mit dem Wissen um den eigenen religiösen und politischen Standpunkt gibt es nicht mehr. Engelke empfindet die Ungewißheit seiner Generation.

164. Emile Verhaeren. Hymnen an das Leben
    Nachdichtung von Stephan Zweig. Insel-Verlag, Leipzig o. J.
    S. 20f.: Die Begeisterung

Der flämische Dichter Emile Verhaeren (1855—1916) gehörte zu den ersten Dichtern, „dessen Stimme nicht mehr nur eine kleine Eigenwelt auszusagen hatte, (sondern) dessen Organ Weltstimme werden und Weltmusik singen"[147] *sollte. Neben dem amerikanischen Dichter Walt Whitmann (1819—1892) und Richard Dehmel (1863—1920) wurde er*

---

146 Friedrich Nietzsche: Also sprach Zarathustra. Vorrede, 3. Kapitel.
147 F. A. Hoyer: Die „Werkleute auf Haus Nyland". Freiburg 1939.

zum Vorbild einer literarischen Jugend, die sich für eine dichterische Eroberung der neuen technisierten Zeit einsetzte.

Auch Gerrit Engelke, zu dessen Bibliothek Emile Verhaerens ‚Ausgewählte Gedichte' gehörten, schätzte bereits sehr früh die dichterischen Werke des Flamen. Sie entsprachen nicht nur seinen Forderungen nach zeitbedingten Neuerungen in Form und Aussage von Kunstwerken; vielmehr brachten sie eine religiöse Weltanschauung zum Ausdruck, die derjenigen des pantheistisch gesinnten hannoverschen Dichters glich.

In seinem Gedicht „Begeisterung" beschreibt Verhaeren den Untergang der einstigen göttlichen Weltordnung und die Gefahren und Erfordernisse auf dem Weg zu einer nun neu zu schaffenden Welt.

Auffällige Parallelen zu Gerrit Engelkes Gedichten „Sonne"[148] und „Schöpfung"[149] finden sich in den letzten beiden Strophen des Gedichts. Dort heißt es:

> *„Lieben ist Rasten, doch bewundern sich Erheben!*
> *O du Gehirn, das königlich ob unsern Taten wacht,*
> *Du bunte Scheibe, die aus Dämmerung das Leben*
> *In ihrem Zauberspiegel wahrhaft strahlend macht,*
>
> *Nichts ist Frühe, Mittag, Nacht, das nicht ein Prangen*
> *Von Schönheit und von Gold aus deiner Glut erhält,*
> *Der Raum ringsrum wird weit an deinem Überschwange,*
> *Und leuchtend formt an deiner Klarheit sich die Welt."*

Bereits im Januar 1914 hatte Gerrit Engelke ein erstes Manuskript seiner bislang unveröffentlichten Gedichte zusammengestellt, wie ein Brief an Richard Dehmel zeigt: „Ich sende Ihnen mein erstes Buchmanuskript mit. Ich habe dieses auf Verlangen Paul Zechs zusammengestellt und ihm zugesandt. Er will es, wenn möglich, an einen Verleger vermitteln."[150]

Im Mai 1914 war Gerrit Engelke dann zu Gast bei dem „Quadriga"-Mann und späteren Freund Jakob Kneip. Dieser stellte ihm offensichtlich eine

---

148 Vgl. Kapitel VII: Der Dichter des Pantheismus, Nr. 156.
149 ebd., Nr. 132.
150 Engelke an Richard Dehmel, Brief vom 21. 1. 1914.

Veröffentlichung in Zusammenarbeit mit dem Insel-Verlag in Aussicht[151]. Daraufhin unterließ Paul Zech seine Vermittlungsversuche: „Anbei, d. h. mit gleicher Post erhalten Sie Ihr Manuskript zurück. Ich wünsche Ihnen viel Glück zum neuen Verleger."[152] Mit dem Ausbruch des 1. Weltkriegs jedoch endeten die Aktivitäten der Quadriga-Leute, von dessen Engagement die geplante Herausgabe der Engelke-Werke wesentlich abhing. Eine Veröffentlichung im Insel-Verlag kam nicht mehr zustande.

Erst am 11. Oktober 1917 verkündete ein Brief von Jakob Kneip dem inzwischen im Felde stehenden Hannoveraner ein erneutes Veröffentlichungsangebot, diesmal vom Verlag Eugen Diederichs. Als mögliches Erscheinungsdatum wurde ein Termin noch während des Krieges ins Auge gefaßt.

165. Jakob Kneip an Gerrit Engelke
Brief vom 11. 10. 1917[153]

Bereits am 15. 10. 1917 erging Engelkes Antwortbrief an J. Kneip: „Ich bin durchaus nicht darauf aus, daß Diederichs mich noch während des Krieges druckt, denn die Köpfe der Menschen sind während dieser Zeit so mit äußeren und leiblichsten Eindrücken gefüllt, daß für anderes kaum Platz sein wird, eine Veröffentlichung also statt eines sitzenden Hiebes ein Schlag in die Luft sein würde."

Fast genau ein Jahr nach diesen letzten Veröffentlichungsbemühungen, am 13. 10. 1918, starb Gerrit Engelke in einem englischen Lazarett an den Verwundungen, die er zwei Tage zuvor auf dem Rückzug vom Cambrai-Schlachtfeld erlitten hatte. Die erste Herausgabe seiner Gedichte erlebte er nicht mehr mit. Sie wurde von seinem Freund Jakob Kneip vorbereitet und erfolgte erst 1921 — im Diederichs-Verlag.

---

151 Vgl. Engelke an die Mutter, Brief vom 7. 5. 1914.
152 Paul Zech an Gerrit Engelke, Brief vom 15. 5. 1914
153 Archiv der Gerrit-Engelke-Gedächtnis-Stiftung e. V., Hannover.

166. Gerrit Engelke an Jakob Kneip
Brief vom 27. 4. 1918

> Düren, 27.4.18.
>
> Lieber Jakob, Montag werden wir wieder ins Feld rücken. Du hast so lange geschwiegen. Und weißt nicht wie melancholisch u müde mich diese Kriegsjahre u die Liebe dazu, gemacht haben. Ich bin niemals so schweren Herzens hinausgegangen wie diesmal. Sollte mir das Ernste zustoßen so wirst Du alles zu besorgen haben. Und denkt, daß das Letzte mir eine wahnsinnige Gier nach neuem Leben war! / Morgen denk ich noch mal bei Lendi zu sein. Warte neue Adresse ab. Ich sandte 3 Gedichte an Dich, u 2 Bilder. Ein weiteres helles Gedicht folgt. Dein Gerrit.

Gerrit Engelkes Zeilen vom 27. April des letzten Kriegsjahres wurden zu seinem Testament. Erstmals seit seiner Teilnahme am Kriegsgeschehen äußerte er gegenüber einer dritten Person die Befürchtung, daß ihm etwas zustoßen könne. Jakob Kneip war dementsprechend erschreckt über die resignierenden Worte seines Freundes, der bislang stets mit Zuversicht und Gleichmut an die Front gezogen war.[154]

Doch Engelkes Vorahnung erfüllte sich, und Jakob Kneip übernahm die in diesem Brief von ihm erbetene Herausgabe der Gedichte.

---

154 Vgl. z. B. folgende Briefe von G. Engelke an:
— Jakob Kneip: 3. 2. 1915, 5. 2. 1915, 4. 5. 1915, 10. 5. 1917
— August Deppe: 17. 4. 1915

167. Gerrit Engelke: Rhythmus des neuen Europa
Ausg. 1921
Ausg. 1929 (mit Schutzumschlag)
Ausg. 1960 Gesamtwerk (mit Schutzumschlag)
Ausg. 1979 Gesamtwerk

Bis zum heutigen Tage erschienen unter dem Titel „Rhythmus des neuen Europa" vier Werkausgaben mit Gedichten von Gerrit Engelke, wobei die 1979 vom Unions-Verlag besorgte Ausgabe lediglich ein Reprintdruck des 1960 von Hermann Blome zusammengestellten Bandes ist.

Der Titel der Gedichtsammlungen, „Rhythmus des neuen Europa", stammte noch aus der Feder von Gerrit Engelke. Er erwähnte ihn erstmals in einem Brief vom 4. 9. 1917 an Jakob Kneip. Gleichzeitig äußerte er sich an dieser Stelle zur inhaltlichen Konzeption des Buches: „Mir fielen folgende ‚Stufen' meiner Produktion ein:

Dampforgel und Singstimme
Don Juan
Terzinen
(Eine Kriegsdichtung)
Und dann: (zurückgreifend auf Dampforgel und Singstimme), doch größer: Der Rhythmus des neuen Europa! Ich habe die Hoffnung, daß nach diesem Prüfungs-, Irrungs- und Wirrungskriege ein völkergeeinteres Menschheitseuropa werden wird."[155]

In einem weiteren Brief an Jakob Kneip, diesmal vom 25. 9. 1917, gibt Engelke ein noch genaueres Bild von seinem Werktitel: „5. (und ich denke, daß wird später meine schönste Aufgabe): Der Rhythmus des neuen Europa! (Rückschließend an Dampforgel usw.; umfassend das vom Krieg befreite, wieder menschlich-brüderlich werdende Völkereuropa der Städte, der Arbeit, des Lebens.)"[156]

Während die ersten beiden Ausgaben von „Rhythmus des neuen Europa" lediglich einen Teil von Engelkes Gedichten enthalten[157]*, geben die unter gleichem Titel, aber mit dem Zusatz „Gesamtwerk" versehenen Ausgaben der Jahre 1960 und 1979 einen Großteil der*

---

155 GW 467.
156 GW 469.
157 Einen weiteren Teil von Gedichten gab Jakob Kneip 1937 unter dem Titel „Vermächtnis" im Paul List Verlag heraus.

Gedichte, sowie die „Briefe der Liebe", weitere Briefe an die Eltern und Freunde, das Romanfragment „Don Juan", sowie einige weitere Prosaschriften und Aufsätze wieder. Trotzdem blieben auch in dem sogenannten Gesamtwerk zahlreiche Briefe und ca. 150 Gedichte, meist frühe Werke Engelkes, unberücksichtigt.

168. GOTTHEIT. ZEIT. UND ICH. Merkungen und Meinungen. 11. 8. 1913
Tagebuchnotiz von Gerrit Engelke

Rythmus ist Leben — Leben ist Gott.

169. Gerrit Engelke: Rhythmus, 26. 1. 1913
Gedichthandschrift

In zahlreichen seiner Gedichte versuchte Gerrit Engelke seine eigene gottgewollte Position innerhalb des Weltgeschehens zu manifestieren; nicht nur in dem Gedicht „Rhythmus", sondern auch in seinen Tagebuchaufzeichnungen „GOTTHEIT. ZEIT UND ICH. Merkungen und Meinungen." äußerte er sich zu dem für seine Weltanschauung und Dichtung wichtigsten Begriff „Rhythmus".

Seine Aufzeichnung vom 11. 8. 1913: „Rhythmus ist Leben — Leben ist Gott", komprimiert dabei seine Auffassung auf das äußerste.

Durch diese pantheistische Gleichung, die auf der Basis Gott ist in allem, und alles ist in Gott basiert, ist Rhythmus grundsätzlich Gottes-Rhythmus und zugleich Rhythmus alles irdischen Lebens und Geschehens.

Da sich der Dichter als Mittler zwischen Gott und Welt verstehen sollte[158], bestimmt dieser Rhythmus folglich auch die Worte und Verse des gegenwartsbezogenen Dichters einer „neuen Welt". Dem Dichter muß der Gottesrhythmus zum Rhythmus des eigenen Blutes werden,

---

158 Vgl. „Der Mittler", 9. 6. 1913, GW 45.

*Vom Stoff, daraus das Große wie Geringe
Den offenbaren festen Wuchs beginnt,
Vom Stoff, daraus von Anfang Alle Dinge,
Vom Grund, daraus Begriff und Dasein sind:*

*Vom Rythmus, der sich selber heißt: das Leben,
Der unsichtbar den schweren Stoff durchfließt,
Ihn wälzt, ihn schmilzt in ungeheurem Streben,
Ihn fort und fort in andre Formen gießt:*

*Von Stoff und Kraft in Schöpfungswerk-Durchdringung
Im tiefsten Sein erzeugt, im Schoß versenkt,
Genährt vom Stoff, durchpulst von Rythmusschwingung
Vom Rythmus-Strom geboren, hochgedrängt:*

*Kam ich: ein Auferstehn mit heller Schwinge
In Neu-Gestalt, aus dunklem Labyrint
Zur Oberflächen-Welt, in neue Ringe
Als Lebens-Teil, als Anfangsmensch: als Kind!*

(26.1.13.)

zum „Blutgefühl". „Stil ist gesteigertes Nervengefühl." schrieb Gerrit Engelke 1912 in sein Tagebuch und ergänzte seine Äußerung offensichtlich erst nachträglich um den entscheidenen Teil mit den Worten: „Rhythmus ist Blutgefühl."[159]. Dabei ist Engelke sich des

---

159 Vgl. Kapitel I.: „... die norddeutsche Art von Natur her ...", Nr. 22.

Einflusses der durch die Industrialisierung stark rhythmisch pulsierenden Zeit klar bewußt: „Dies starke Rhythmusgefühl des neuen Dichters konnte erst unsere starke Zeit erregen."[160]

170. GOTTHEIT. ZEIT. UND ICH. Merkungen und Meinungen. 1914
    Tagebuchnotiz von Gerrit Engelke

Sonnet, Stanzen, u. s. w. mit Worten aufzufüllen, dazu bedarf es keines besonderen Abwägungsgefühls beim Dichter, während die lockeren Formen ein stark entwickeltes Groß-Rythmus-Fein-Rythmusgefühl bedingen. Das ganze Gedicht und jedes einzelne Wort hat das Blutgefühl des neuen Dichters genau abzuwägen ehe das Ganze als ausmodulierter Klang darsteht. Also kein willkürliche Formlosigkeit, sondern Muß-Form.

Dies starke Rythmusgefühl des neuen Dichters konnte erst unsere Zeit starke Zeit erregen, und verlangt

---

160 Vgl. Nr. 170 in diesem Kapitel.

171. GOTTHEIT. ZEIT. UND ICH. Merkungen und Meinungen. 10. 6. 1914
Tagebuchnotiz von Gerrit Engelke

> Ein Freund sagt mir: "Du wiederholst dich in deinen Gedichten." (im Anschauen der Welt, kann er nur meinen). Ich: "Schließlich giebt es ja auch nur Ein Thema. Alle Milliarden bunten und wirbelnden Erscheinungen des Daseins sind nur Variationen des Einen Themas vom Leben, vom Lebens=Rythmus!
>
> 10.6.14.

172. Gerrit Engelke: Tagebuchblätter aus dem Kriege, o. D.

„Das Geheimnis dichterischen Schaffens besteht in dem, daß der Dichter vermöge seiner Einfühlungsfähigkeit mehr unbewußt denn absichtlich denselben Grad der rhythmischen Schwingungen erreicht, den die dargestellten Dinge, also etwa eine Lokomotive, ein Baum, ein menschliches Herz innehaben. So könnte es denn bei vollkommener Übereinstimmung nicht möglich sein, daß um die Dinge geredet wird, sondern daß sie aus sich selbst nach ihren eigenen Gesetzen gestaltet werden."

173. Gerrit Engelke: Der ewige Herzklang, o. J.[161]
Gedichthandschrift

---

161 GW S. 79.

Mit „Der ewige Herzklang" umschreibt Gerrit Engelke das in „Allen und Allem" schlagende Gottes-Herz. Erst, wenn jeder Mensch diesen Herzklang in sich spürt und erkennt, daß dieser Klang-Rhythmus der Rhythmus des „Einen" ist, wird Menschenbrüderlichkeit Städte, Länder und Erdteile verbinden. Engelke schreibt letzteres zwar nicht ausdrücklich, doch unter Berücksichtigung z. B. seiner Gedichte „Alles zu Allem" oder „Mensch zu Mensch", ist diese interpretatorische Erweiterung eine logische Konsequenz des von Engelke an dieser Stelle Ausgesprochenen.

174. Gerrit Engelke: Alles zu Allem, 4. 12. 1912
Gedichthandschrift

Wie das Gedicht „Alles zu Allem"[162] zeigt, ist es nicht erst seit dem Ausbruch und seiner Teilnahme am ersten Weltkrieg Engelkes höchstes Anliegen, Einigkeit und Gemeinsamkeit unter den Menschen zu wissen, wie das Gedicht „An die Soldaten des großen Krieges"[163] es vermuten ließe.

Schon 1912 gibt er mit „Alles zu Allem" sein Wunschbild von einem „neuen Europa". Basis für eine solches Zusammensein und Miteinander ist ein pantheistischer Gott als Vorbild: „Gott allein ist Einheit"[164].

Engelkes Verlangen nach einer „neuen Welt" in Einigkeit und Menschenbrüderlichkeit — welche er zuweilen auch als allumfaßende Liebe definierte — beruhte sowohl auf der Erfahrung der Zersetzung durch die Industrialisierung, als auch auf biographisch gegebenen Impulsen. So schreibt Engelke, der stets einsam und zurückgezogen gelebt hatte, gleich in dem ersten Brief an seine zukünftige Braut Annie-Mai Siegfried am 22. 11. 1917: „Ist der nicht des Mitgefühls wert, den sein ganzes Ich zum Einsamsein zwingt? Viel sind der Bemühungen des Armausstreckens zu den andern — doch was hilft's, wenn der Gegenhändedruck sich versagt und das eigne Innere sagt: wende dich um, wende dich wieder in dich. Und dennoch! Wir wollen alle leben miteinander."[165]

---

162 Vgl. auch „Mensch zu Mensch", GW 46
163 Vgl. Kapitel IX: „Kein Volk haßt das andere —...", Nr. 205.
164 Vgl. Nr. 175 in diesem Kapitel.
165 GW S. 500.

175. GOTTHEIT. ZEIT. UND ICH. Merkungen und Meinungen. 10. 1. 1914
   Tagebuchnotiz von Gerrit Engelke

> Leben und Denken: Chaos.
> Es gibt keine absolute Einheit in Weltall. Überall: Gegenlinien, Gegenbewegungen, immer neue und wieder neue: Leben!
> Die großen Denker sind doch nur Seiler, die einige große Stränge zusammenflechten. Auch sie sind nur Menschen: Darwins-Punkte im Chaos umhergewirbelt, wie alle anderen und nur scheinbar: wärzelnde Hirn-Herrscher.
> Man könnte sich einen Gott denken, der Alles in den Händen hält – –
> Gott allein ist Die Einheit.   E 10.1.14.

IX. „Kein Volk haßt das andere —..."

Einen Tag vor Ausbruch des 1. Weltkriegs schrieb Gerrit Engelke in Dänemark, wo er bereits seit Anfang Juli in dem Städtchen Faaborg in der Nähe seines Freundes Martin Guldbrandsen verweilte, sein erstes Kriegsgedicht: „Wann donnert ein Morgenrot von Pol zu Pol?" — ein Gedicht der Hoffnung auf Frieden.

Entgegen der deutschen Kriegseuphorie war der auf Menschenbrüderlichkeit bedachte Hannoveraner ganz und gar nicht zum Kämpfen bereit. In zahlreichen Briefen an seine Freunde begründete und rechtfertigte er zunächst seinen Entschluß, nicht nach Deutschland zurückzukehren und sah es als Wink einer göttlichen Vorsehung, daß er sich zum Zeitpunkt der Eskalation auf dänischem Boden befand. Für einige Wochen noch bestärkte ihn der Gedanke, daß er als ein von einer göttlichen Macht Berufener den Menschen mit seinen dichterischen Botschaften mehr dienen könne, als durch die Teilnahme an den Schlachten des Krieges, in diesem Beschluß. Doch schließlich, ohne Geld, angegriffen aus den Reihen der deutschfeindlichen dänischen Bevölkerung und bedrängt von den zurückgebliebenen Freunden August Deppe und Jakob Kneip, wandelte sich seine Meinung. Am 19. Oktober kehrte er nach Deutschland zurück und stellte sich dem Kriegsgeschehen.

Engelkes dichterischer Schaffensdrang erlahmte im Verlauf der Kriegsjahre zusehens. Zu keinem Zeitpunkt konnte er sich für das Schreiben von Kriegsdichtung, welche nun überwiegend veröffentlicht wurde, entschließen. Fast ausschließlich war er noch um die Wahrung seines bisherigen Werkes für eine bessere Zeit nach dem Krieg bemüht. Sein literarisches Interesse beschränkte sich nach und nach auf das Lesen von Büchern und Zeitschriften, die ihm seine Freunde zukommen ließen.

Knapp ein Jahr vor dem Ende des Krieges lernte Engelke seine zukünftige Braut Annie-Mai Siegfried kennen. Es entstanden noch einmal einige schöne Liebesgedichte. Doch zur bereits geplanten Heirat kam es nicht mehr. Wenige Tage vor Kriegsende am 13. 10. 1918 starb Gerrit Engelke in einem englischen Lazarett an seinen schweren Verletzungen, die er auf dem Rückzug vom französischen Schlachtfeld bei Cambrai erlitten hatte.

176. Gerrit Engelke: Wann donnert ein Morgenrot von Pol zu Pol? 31. 7. 1914
Gedichthandschrift

177. Gerrit Engelke an August Deppe
Brief vom 9. 8. 1914

Am 5. 10. 1914 schrieb Gerrit Engelke — offensichtlich noch immer der gleichen Auffassung, wie zwei Monate zuvor in dem vorliegenden Brief an seinen Freund August Deppe — einen ähnlich lautenden, jedoch weniger ausführlicheren Brief an Jakob Kneip: „Obgleich ich eigentlich ‚heim mußte‘, bin ich hier geblieben. Nicht aus Furcht. Der allgemeine Mensch hat den Lebenszweck, in seiner Zeit sich selbst und anderen zu nutzen. Fallen Männer im Kriege, so haben sie ihren Zweck erfüllt. Der geniale Mensch aber ist nur der Eine aus Tausend. Er allein hat die Pflicht, immer uneigennützig, nie für sich selbst, immer

Wann donnert ein Morgenrot von Pol zu Pol?

Unheimlich knackt es in Europens Nähten:
Wieder reckt sich aus den aufgeregten Landen
Des Krieges rote Schlachtfaust.
Aufrufe gellen; Verwirrte ziehn in Banden,
Wahnwitzige Verzückerung braust
In allen Weltstädten.

Herausgerinnen aus Straßen, aus Äckern und Stall,
Ziehn alle bestürzt zu den Fahnen;
In Glied und Kolonne eingereiht,
In fliegenden Märschen, vollgestopften Bahnen
An die Grenzen zur Schlacht bereit.
Schon dröhnen Kanonen grausigen Widerhall.

Nun Seele lohe auf, und Zagheit verbannt:
Man will Müttern und Kindern die Väter rauben,
Mütter zu Witwen machen, man zieht aus Norden
Um die Brüder im Süden, Frauen, Kinder die saugen,
Mit unwissender Hand zu morden!
Um sich selbst zu vernichten im Weltbrand!

Friede! — Wann wird Klarheit wohl?
Wann strecken sich die arbeitsharten Hände,
Wann der erwachsene große Sinn
Aller Menschen über Staatsverbände
Zu unerschütterlichem inneren Frieden hin?
Wann donnert ein Morgenrot von Pol zu Pol?!

Gerrit Engelke.

für die Menschen und über seine Zeit hinaus zu wirken und die zukünftigen Söhne und Töchter zu beseelen und zu führen. So will denn ich nicht meinem Lande den kleinen Dienst erweisen, meine geringen Knochen zu opfern — sondern meinem Volk den Größeren — ein Mehrer des geistigen deutschen Reiches sein."[166]

Deutlich geht aus Engelkes Zeilen hervor, daß er den Krieg nun nicht mehr ablehnt, sich selbst aber zu etwas Größerem auserwählt sieht und sich deshalb der Menschheit erhalten möchte.

178. Gerrit Engelke an die Eltern
    Brief aus Faaborg (Dänemark) vom 16. 10. 1914

Bereits zehn Tage nach seinem Brief an Jakob Kneip, in dem er noch seinen festen Entschluß, in Dänemark zu bleiben, verkündete, hatte sich Engelkes Auffassung grundlegend geändert. In einem Brief vom 8. 11. 1914 an August Deppe gibt er die Begründung für seine plötzliche Entscheidung: „Was mich veranlaßte zurückzukehren, war Folgendes. Unbestimmte Schwankungen: Triebgefühl zur Rückkehr; Unbefriedigtsein mit den Grundsätzen — und eine bestimmte, umstimmende Realität."[167]

Jene „umstimmende Realität" bezieht sich vermutlich auf eine Begebenheit zwischen Engelke und der deutschen Gräfin Reventlow, welche nur sieben Kilometer entfernt von dem dänischen Wohnort Engelkes, Faaborg, auf dem Gut Trolleborg in Korinth wohnte. Engelke schreibt zu dieser Begebenheit weiterhin in dem Brief an seinen Freund: „Ich hatte aus Not eine vermögende, deutschfreundliche Persönlichkeit, die Verwandte im deutschen Feldheer hat, um Unterstützung gebeten. Ich sprach mit dem Sekretär dieser Person, einem Oberinspektor. Dieser Herr begann mich dann in einer merkwürdigen und niederträchtigen Art zu bearbeiten. ‚Das Geld zur Rückkehr nach Deutschland bekommen Sie — sonst nichts.' Er behandelte mich wie eine Art Verbrecher usw. ‚Solange Sie nicht in Deutschland sind, halte ich Sie für einen ehrlosen Menschen.'"

---

166 GW S. 373.
167 Vollständiger Abdruck des Briefes in: Kurt Morawietz: „Mich aber schone, Tod." Gerrit Engelke 1890—1918. Hannover 1979.

179. Gerrit Engelke: Schicksal
    Federzeichnung, 1914[168]

Nicht nur in dem Brief vom 16. 10. an seine Eltern bekundet Gerrit Engelke ein großes Vertrauen in sein zukünftiges Schicksal. Aus vielen Briefen von der Front, die er später der Familie und seinen Freunden sandte, sprechen die Zuversicht, Hoffnung und Überzeugung des Pantheisten, daß eine höhere Macht ihn am Leben halten wird, damit er als Dichter weiterwirken könne.

180. Georg Brandes: Verschiedene Gesichtspunkte im Weltkrieg.
    (Original: Forskellige Synspunkter for Verdenskrigen).
    Deutsche Übersetzung von Gerrit Engelke[169]
    Handschrift

Der Aufsatz „Forskellige Synspunkter for Verdenskrigen" (Verschiedene Gesichtspunkte zum Weltkrieg) erschien am 22., 24. und 27. 11. 1914 in der Kopenhagener Zeitung „Politiken".

Engelke las die dänische Zeitung, die ihm sicherlich aus den Tagen in Faaborg bekannt sein durfte, nach eigenen Angaben[170] in der Flensburger Lesehalle. Er war von den Artikeln des Literaturhistorikers Georg Brandes derartig beeindruckt, daß er die Anfertigung einer Übersetzung zur Verbreitung der Artikel unter seinen Freunden beschloß: „Da ich nicht glaube, daß diese Aufsätze (allenfalls der III:) von einer deutschen Zeitung (Hann. Kurier) ohne Streichungen oder Zusätze oder ihrer sehr kritischen Haltung wegen überhaupt nicht gedruckt werden, beabsichtige ich, sie in meinem Bekanntenkreis zu verbreiten. Denn diese Aufsätze müssen gelesen werden."[171]

Engelkes kritischer Verstand bezüglich des Kriegsgeschehens, der ihn vor der allgemeinen Kriegseuphorie bewahrte, verdankte er offensichtlich auch den Artikeln von Brandes.

Um so mehr verwundern die Worte, welche er am 16. 10. 1915 an August Deppe schrieb: „ ... ich bin so glücklich sagen zu können, daß

---

168 MORA 131.
169 MORA 333—347.
170 Vgl. Engelke an Jakob Kneip, Brief vom 10. 12. 1914, GW 382.
171 GW 382.

ich nichts von einer ‚traurigen Erkenntnis' bezüglich der Ursachen des Krieges weiß. Ich vertraue unbedingt dem Weltschicksalswillen, dem auch unsere augenblicklichen Prüfungen nur Notwendigkeit zum höchsten Menschheitsziel sind."[172]

181. Gerrit Engelke an Martin Guldbrandsen
Postkarte aus Sonderburg vom 16. 12. 1914, mit Photographie von Engelke, aufgenommen bei Jakob Kneip 1914

Die Photographie auf der Vorderseite der Postkarte entstand im Mai 1914 während Engelkes Aufenthalt bei seinem Freund Jakob Kneip in Diez a. d. Lahn. Der zweite Teil der unter dem Photo befindlichen Notiz von der Hand Engelkes bezieht sich, wie der Rückseite der Karte zu entnehmen ist, auf eine geplante Veröffentlichung einer durch Engelke vorgenommenen Übersetzung aus dem Dänischen des Aufsatzes „Der deutsche Gesichtspunkt im Kriege" von Georg Brandes im Hannoverschen Kurier. Eine solche Veröffentlichung kam jedoch nie zustande.

Abb. 28
Gerrit Engelke, aufgenommen bei Jakob Kneip in Diez a. d. Lahn 1914, Photopostkarte.

---

172 GW 431.

182. Gerrit Engelke: Im Marschieren, 16. 11. 1914
Gedichthandschrift

Am 19. 10. 1914 kehrte Gerrit Engelke nach Deutschland zurück und meldete sich als Freiwilliger für den Kriegsdienst. Zunächst wurde er in Flensburg zum Infanteristen (Ersatz) ausgebildet. Über diese Ausbildung äußerte er sich gegenüber Jakob Kneip[173]: „Es ist hier auch so vieles, was mich nicht zu einem reinen Gefühl kommen läßt. All die Borniertheit, der blöde Sinn und der Neid der Leute, die die ‚kompakte Majorität' ausmachen, macht sich jetzt nicht weniger breit wie sonst —. Außerdem stecke ich hier zwischen mir höchst widerwärtigen Bauern und Arbeitern aus Schleswig, die stumpfsinnig wie Tiere ihren Dienst tun (...). Man kann ihnen aber schließlich Trägheit und Unbeteiligtsein nicht verdenken: es sind doch Dreiviertel-Dänen — und haben Frau und Kinder."

183. Gerrit Engelke an Jakob Kneip
Brief vom 18. 11. 1914

Noch immer ist Gerrit Engelke nicht überzeugt von der Richtigkeit seiner Teilnahme am Krieg. Jedoch, obwohl er sich über die Beweggründe der einzelnen Staaten, die zum Krieg führten, aus neutraler Quelle informiert hatte[174], glaubte er noch immer an eine Notwehr von Seiten des deutschen Volkes: „Vorläufig bin ich noch immer unklar und unbestimmt im Innern, und es ist (leider) nicht sehr viel, was aus mir in diese bewegte Zeit einschwingt. Mein Gefühl sträubt sich noch immer instinktiv gegen den Krieg. Wäre nicht das Eine, daß wir aus Notwehr handelten — ich würde alles rundheraus abgelehnt haben und wäre geblieben, wo der Pfeffer wächst. Nur dies Eine! Kein Volk haßt das andere — nur gewissenlose Spekulanten, die die Macht in Händen haben, „managen den Krieg. So auch jetzt."[175]

---

173 Engelke an Jakob Kneip, Brief vom 18. 11. 1914, GW 377f.
174 Vgl. Nr. 180 in diesem Kapitel.
175 GW 377.

184. Gerrit Engelke: Tagebuchblätter aus dem Kriege, 24. 12. 1914

Bei aller Weitsicht bezüglich der Ursachen des 1. Weltkriegs verurteilte Gerrit Engelke das Kriegsgeschehen jedoch nicht bis zur letzten Konsequenz. Seine pantheistische Weltanschauung führte nicht nur zu einer gelassenen Hinnahme, sondern gar zur Anerkennung des Krieges als „heilige Notwendigkeit" und darüber hinaus zur Feststellung eines positiven Aspekts: der Wiederherstellung der Einigkeit unter den durch den Materialismus entseelten Menschen. Einigkeit aber ist laut Engelkes Tagebuchnotiz nichts anderes, als Liebe und somit ein „Retter" der Menschenseele.

Doch auch dieser Meinung widerspricht Engelke einige Monate später, indem er zu seiner alten Kriegskritik des Kneip-Briefes vom 18. 11. 1914 zurückkehrt und diese mit denen durch die Brandes-Aufsätze gewonnenen Erkenntnisse erweitert. In einem Brief an Frau Rody schreibt er: „Ich bin durchaus der Meinung, daß Kriege nicht aus moralischen, sondern aus politischen Gründen entstehen. Der eine große Ton der letzten Not, wie er so manchem der früheren kleineren Kriege die Seele war, fehlt dem unseren. (...) Krieg ist die Verneinung oder doch mindestens Verkümmerung des Seelischen und Erweiterung der Macht des Materiellen."[176]

185. Gerrit Engelke: Kriegswerk, 29. 7. 1915.
Gedichthandschrift, Erste Fassung

Gerrit Engelkes zwiespältige Auffassung vom Krieg spiegelt sich auch in seinen wenigen Kriegsgedichten wieder.

„Kriegswerk" ist eines von 5 Gedichten, die während des Zeitraums 26. 7.—14. 8. 1915 entstanden und den Krieg positiv deuten. Die im Schlußvers der ersten drei Strophen wiederholte Feststellung „Es muß sein!" erinnert sofort an Engelkes Worte von der „Heiligen Notwendigkeit" in seiner Tagebucheintragung vom 24. 12. 1914. Doch die in dem Gedicht durch die Verswiederholung am Strophenende und die tatenvoll-mächtige Wortwahl zum Ausdruck kommende Entschlossenheit täuscht über eine Realität hinweg, die—wenn sie nicht gar das

---

176 GW 420f.

Kriegswerk

Flammen füllen Hochöfen doppelt,
Erze schmelzen, Stahl wird fest.
Züge hinter Züge gekoppelt
Schnauben erhitzt nach Ost und West.
 Es muß sein!

Drehbänke rauschen bei Tag und Nacht,
Stahl kreischt unter bebenden Händen,
Granaten fördert der Aufzugschacht —
Menschen sollen durch sie verenden.
 Es muß sein!

Soldaten in Schlamm und Blut und Regen,
In Frost und Qual, doch zäh und schlicht,
Schon Winter, schon Sommer dem Feind entgegen,
Tun mehr als ihre Pflicht.
 Es muß sein!

Wir alle haben ein Werk in der Faust!
Ob jemand weint, ob uns auch graust:
Wir alle, Mensch an Mensch geschweißt
In einem Willen der uns mitreißt:
Wir haben alle ein Werk in der Faust:
Wir hämmern, wir hämmern aus Blut und Brand
Die Zukunft, die Zukunft unserm Land!
 Und darum soll es sein!

 Gerrit Engelke.

Feind und Brüder

Ich habe dich fluchen und singen gehört,
Belgischer Schützengrabenwächter;
Ich habe dir knallend den Eingang gestört,
Denn hier sind wir Hauer und oft sogar Schlächter.
Hier steh ich an meiner Stachelblechscharte,
Und du äugst drüben an deiner Scharte;
Und dieses Stachelt in uns: Warte!
   Die Kugeln sind im Rohr.

Ich habe dich auch wundwimmern, brüllen gehört!
Wie furchtbar Kindsgeschrei, wie Hundsgeheul durchriß
Es mich und schmiß
Mich spähend an das Schartenloch –
Und alles was sich innerst sonst verkroch,
Was überschlammt und hölzern abgestumpft,
Was sich als blöde Weichlichkeit versteckt,
Das hat sich plötzlich aufgestreckt
In enger Brust geballt, verschrumpft. –
   Es war nicht mehr wie sonst zu sehen,
Ich hörte drüben Laufen, Gehen –
Dann war es wieder still.

Feind und Brüder später, später
Wollen wir wieder Menschen sein wie früher,
Wollen uns die Hände geben,
Dann wieder unsern Alltag leben
Und Werker wieder sein und Müher.
Doch einstmal werden beide wir auch Väter!
Dann sollen unsre Kinder nichts vom Bluthaß wissen
Der uns in Freund und Feind zerrissen:
Sie sollen sich wie Menschenkinder rufen
Im Frieden,
Im Frieden, den wir ihnen schufen!

             22.9.15. G.S.

Verstummen des Dichters Engelke hervorrief — sich in anderen Gedichten Engelkes niederschlug.

186. Gerrit Engelke: Feind und Bruder, 22. 9. 1915
    Gedichthandschrift

187. Hanns Anker: Arbeit in Stadt und Land.
    Schautafel für den Schulunterricht 1918
    72 x 48 cm

Die im letzten Kriegsjahr entstandene kriegsbejahende Schautafel für den Schulunterricht stellt die Lasten des Krieges in den Vergleich mit lebensnotwendigen Erntearbeiten des bäuerlichen Alltags. In zwei Strophen, die bildlich entsprechend umrahmt wurden, heißt es simpel:

> *Der eine sät die Saaten*
> *Und bindet Garben schwer*
> *Der andere dreht Granaten*
> *Und waffnet unser Heer.*
>
> *So geht's durch harte Zeiten*
> *Zum Friedenserntefest,*
> *Wenn keiner von den beiden*
> *Die Hand vom Werke läßt.*

188. Gerrit Engelke: Tagebuchblätter aus dem Kriege, 4. 11. 1915[177]

Fast gleichzeitig mit dem Ausbruch des 1. Weltkriegs läßt die dichterische Produktivität Engelkes erheblich nach. Noch in Dänemark beeinflußten Überlegungen zum Hin und Wider einer Rückkehr nach Deutschland Engelkes Schaffenskraft negativ.

Später, im Graben, ließ der Kriegsdienst nur wenig Zeit zum Dichten. Entscheidend aber war, daß Engelke, durch die Stupidität des Kriegsdienstes einerseits und durch die Schrecknisse des Krieges andererseits, nicht mehr zu seiner alten Intensität innerhalb seiner Dichtung fand.

---

177 GW 314 f.

Außerdem war sich Engelke bewußt, daß seiner Dichtung die Leser fehlten. Nur Kriegsdichtung war noch gefragt und solche mochte Engelke nur ungern verfassen: „Alle Kultur, und dazu gehört ja auch die jetzt so berüchtigte ‚Literatur', entsprießt dem Frieden. Dem Frieden, den sie halten hilft und dem sie dient. Krieg ist immer Vernichtung, mag er noch so heilig sein. Krieg fördert die Kultur nicht, sondern hindert sie am Wachsen oder gar am Leben. (...) Meine bisherige Dichtung besonders dient dem Frieden, der Menschenbrüderlichkeit."[178] In vier Kriegsjahren entstanden aus Engelkes Feder nur knapp 30 zumeist minderwertige Kriegsgedichte, welche zudem eine konstante Beurteilung für ein und dasselbe Motiv — anders als die bisherige Dichtung Engelkes — vermissen lassen.

189. Insel-Kriegs-Almanach 1915. Leipzig 1914

Mit dem Erscheinen der ersten Kriegslyrik, welche Engelke durch seine Freunde August Deppe und Jakob Kneip während der Ausbildung in Flensburg und im Feld erhielt, entwickelte sich ein brieflicher Meinungsaustausch zwischen Jakob Kneip und Gerrit Engelke über den Wert dieser zeitgebundenen Dichtung. Beide sind hierbei offensichtlich einer Meinung und verurteilen den überwiegenden Teil der Kriegslyrik als unbrauchbar.[179]

Am 10. 12. 1914 las Engelke den gerade erschienenen „Kriegs-Almanach" aus dem Insel Verlag[180]. Seine nachfolgende Kritik beurteilt vor allem Rainer Maria Rilke sehr scharf: „Dann: Rainer Maria Rilke: Fünf Gesänge (die alle im August entstanden; wieder: die schnelle Produktion!) Der christliche und feine Rilke versagt natürlich: er macht in diesen Gedichten zuviel ‚Hölderlin'. (Bleichsucht-Poesie.)". Und auch den Strophen seines hannoverschen Dichterkollegen Albrecht Schaeffer gewinnt er kaum etwas Positives ab: „Dann: Zwei Gedichte von Albrecht Schaeffer, dem ‚klassischen' Schaeffer, meinem hannoverschen Konkurrenten in Versen, der in seiner ‚Meerfahrt' Homers Odyssee neuromantisch verwässert, Himbeerlimonade daraus machte. Das erste Gedicht jedoch ‚Der letzte

---

178 Engelke an Jakob Kneip, Brief vom 9. 7. 1915, GW 424.
179 Vgl. Engelke an Jakob Kneip, Brief vom 18. 11. 1914, GW 378f.
180 Engelke an Jakob Kneip, Brief vom 10. 12. 1914.

Waffengang' ist besser wie ich dachte; aber doch nicht genug glühendes Stahlherz und zuviel Wortmusik."

190. Julius Zerzer: Kriegsmesse 1914
 Jena, Diederichs Vlg. 1914

Der dünne Gedichtband „Kriegsmesse" von dem jungen österreichischen Dichter Julius Zerzer (1890—) gehörte zu der wenigen Kriegsliteratur, die Gerrit Engelke insgesamt positiv bewertete. Gegliedert gleich den „Liturgischen Gesängen", bleibt Zerzers „Kriegsmesse" nicht im üblichen Rahmen der Kriegsliteratur, sondern ist „vielmehr ein Hymnus auf das Göttlich-Schöpferische, das sich wie in allem Lebendigen auch im Geschehen des Krieges offenbart"[181]. Krieg bedeutete für Zerzer nicht in erster Linie Haß und Zerstörung, sondern im wesentlichen die Chance zu einer neuen besseren Daseinsform. Dieser schöpferische Akt vollzieht sich fast selbstverständlich nicht ohne Kampf und Opfertat.

Gedanklich stimmte Julius Zerzer, auch wenn sein Gedichtband christlichen Vorbildern verbunden bleibt, in seiner Kriegsauffassung vollkommen mit dem pantheistisch gesinnten Engelke überein, der den Krieg ebenfalls als „heilige Notwendigkeit" sieht, welche eine Reinigung und Neuerung der Gegenwart bewirken wird.

Zwar kritisierte Engelke in einem Brief vom 21. 3. 1915 an Jakob Kneip Zerzers „Mystisch-enge Religiosität aus dem Georgetum", doch gleichzeitig lobte er: „Aber gefreut habe ich mich über Einzelnes, über die vielen starken Gedanken und Worte, über die Worte: (die ich geschrieben haben möchte) ‚Gesegnet sei, der da kommt im Namen der Kraft!' Und Kraft hat dieser Zerzer; unter den jetzigen Dichtungen ist seine sicher eine der allerbesten, (...)". Daß Engelke sich über einen längeren Zeitraum mit diesem Gedichtbändchen intensiv auseinandersetzte, zeigen auch Briefe an Bürgermeister Theo Rody, von dem er am 21. 2. 1915 das Zerzer-Werk erhalten hatte.[182]

---

181 Ernst Sambacher: Julius Zerzer. In: Die schöne Literatur. 31. Jhrg., Heft 6, Juni 1930.
182 Vgl. Engelke an Jakob Kneip, Brief vom 21. 2. 1915, GW S. 387

191. Gerrit Engelke: Betrachtungen
　　In: MÄRZ. Eine Wochenschrift. Gegründet von Albert Langen und
　　Ludwig Thoma. Geleitet von Dr. Theodor Heuss. 10. Jhrg.,
　　1916, 2. Bd., April—Juni, Berlin/München, S. 236f.

Nur wenige Gedichte, Briefe und einige Tagebuchblätter von Gerrit Engelke sind auf das Kriegsjahr 1916 zu datieren. Doch dachte der Dichter offensichtlich verstärkt im Winter und Frühjahr dieses Jahres über die Wirkung des Krieges auf die Kunst nach.

Ergebnisse seiner Überlegungen, welche er zunächst als Tagebucheintragungen festhielt[183], konnte Gerrit Engelke im Frühjahr 1916 unter der Überschrift „Betrachtungen" in der von Theodor Heuss herausgeben Zeitschrift „März" veröffentlichen.

Zu den wichtigsten Gedanken Engelkes zählt seine Auffassung, daß die wirklich großen Dichter nicht während des Krieges, sondern erst, nachdem eine Reinigung durch den Krieg stattgefunden hat, hervortreten werden. Dieses galt ihm auch für die Kriegslyrik[184] und wurde von ihm vor allem dann betont, wenn Freunde seine dichterische Inproduktivität kritisierten.

Offensichtlich war Engelke nicht nur von einem positiven Einfluß des Krieges auf den Dichter und sein Werk überzeugt, sondern auch von einer Läuterung des künstlerischen Urteilsvermögens.

Essenz seiner Überlegungen aber ist Engelkes letzte Betrachtung, welche nur scheinbar im Widerspruch zu seinen übrigen steht. Sie charakterisiert die auf einem göttlichen Grund basierende Kunst, welche auch durch einen Krieg keine Änderung erfährt, d. h. aber nichts anderes, als daß der Krieg nur insofern in die Kunst eingreift, als daß er alles Schlechte und Unwerte aus dem Bereich der Kunst bannt, wodurch eine Höhung stattfindet.

192. Theodor Heuss an Gerrit Engelke
　　Postkarte vom 30. 12. 1914

Insgesamt veröffentlichte die Zeitschrift „März" in den Kriegsjahren unter der Federführung des späteren Bundespräsidenten Theodor

---

183　Vgl. Tagebucheintragungen vom 10. 11. 1915, 19. 1. 1916 und 3. 5. 1916.
184　Vgl. Engelke an Fr. Rody, Brief vom 7. 8. 1915, GW 428.

Heuss (1884—1963) drei Beiträge des Hannoveraners.[185] Die Karte verkündet die geplante Veröffentlichung von Gerrit Engelkes Aufsatz „Die Kunst nach dem Kriege". Von Engelkes Hand trägt sie die Aufschrift: „Der kleine Aufsatz ‚Eine neue Kunstwelt nach dem Kriege'".

193. Theodor Heuss an Dr. Walter Lampe
Brief vom 7. 9. 1970

Auf Anfrage des langjährigen Vorsitzenden der bis heute existierenden Gerrit-Engelke-Gedächtnis-Stiftung e.V., Dr. Walther Lampe, gelangte die im Jahr 1914 von Theodor Heuss an Engelke gerichtete Karte in den Besitz der Stiftung.

---

185 Vgl. Katalog Teil F., Kapitel II/2.

194. Gerrit Engelke an August Deppe
Feldpostkarte vom 21. 11. 1915
Vorderseite: Orginalphoto von Engelke in Uniform.

195. Gerrit Engelke, 1916
Photographie vom Gefreiten Engelke

Gerrit Engelke trägt auf dem Photo das „Eiserne Kreuz", welches er am 22. 3. 1916 in der Nähe von Ypern erhalten hatte.

Abb. 29
Der Soldat Gerrit Engelke im Kriegsjahr 1915.

Abb. 30
Gerrit Engelke, 1916.
In der Nähe von Ypern mit Eisernem Kreuz verliehen am 22. 3. 1916.

196. Gerrit Engelke und Heinrich Lersch, 1918
Photographie

Nach einer am 2. 10. 1917 erlittenen Verwundung kam Gerrit Engelke im März 1918 zu einem Ersatzbataillon nach Düren. Von dort aus besuchte er am 6./7. 4. 1918 erstmals den Expressionisten und Arbeiterdichter Heinrich Lersch (1889—1936) in Mönchen-Glad-

bach[186], für dessen Werk ihn bereits die „Werkleute auf Haus Nyland" interessiert hatten.[187] Lersch, von Beruf Kesselschmied, setzte sich, gleich einiger seiner expressionistischen Zeitgenossen, mit seiner Dichtung für den reinen Menschen und die Menschenbrüderlichkeit ein. In diesem Punkt lassen sich Parallelen zur Dichtung von Engelke finden. Insgesamt aber ist Lerschs Dichtung vom Stoff der Arbeitswelt geprägt, und auch seine Aufrufe zur „Mehr-Menschlichkeit" sind eher

Abb. 31
Gerrit Engelke und Heinrich Lersch, 1918.

186 Vgl. Gerrit Engelke an Jakob Kneip, Brief vom 8. 4. 1918, GW 483 f.
187 Bereits im Jahr 1916 war der Gedichtband „Schulter an Schulter", zusammengestellt von den „Werkleuten auf Haus Nyland", mit Gedichten von Gerrit Engelke, Heinrich Lersch und Karl Zielke erschienen.

sozialen Ursprungs, während Gerrit Engelkes Aufrufe auf einer pantheistischen Weltanschauung basieren.

197. Heinrich Lersch als Kesselschmied
    2 Photographien

Trotz seiner dichterischen Tätigkeit übte Heinrich Lersch weiterhin den bereits von seinem Vater übernommenen Beruf des Kesselschmieds aus. Anders als Gerrit Engelke empfand er seine handwerkliche Tätigkeit nicht als eine Last, sondern er besorgte sie bereitwillig und gerne. Während Engelke die Bezeichnung „Tüncher" als eine künstliche Provokation des „Proletenhaften" ablehnte[188], galt die Bezeichnung „Proletarier" für Lersch als eine Ehrenbezeichnung.

Abb. 32/33
Heinrich Lersch als Kesselschmied, o. J.

198. Heinrich Lersch: Abglanz des Lebens
    Gedichte. Verlag der Westdeutschen Arbeiter-Zeitung,
    Mönchen-Gladbach 1914.

---

188 Vgl. Kapitel V: „Die Werkleute auf Haus Nyland, Nr. 101.

Erst nach seinem ersten Besuch bei Heinrich Lersch befaßte sich Engelke offensichtlich näher mit dessen Gedichten. Sein Urteil zu Lerschs Erstlingswerk „Abglanz des Lebens" fiel jedoch negativ aus.[189]

199. Heinrich Lersch: Die Liebenden, o. D.
   Gedicht-Typoskript mit handschriftlichen Korrekturen von Gerrit Engelke.

Für die letzten Kriegsmonate hatte Gerrit Engelke in Heinrich Lersch einen neuen wertvollen Freund gefunden. Neben ausgiebigen Gesprächen während der Besuche Engelkes in Lerschs Kesselschmiede in Mönchen-Gladbach wurden im beiderseitigen Austausch neu entstandene Gedichte korrigiert.

200. Gerrit Engelke, 1918
   Portraitphotographie

Die Photographie des hannoverschen Dichters, welche Heinrich Lersch zu verdanken ist, ist die letzte Aufnahme, die vor dem Tod Gerrit Engelkes entstand.

Mit der Unterstützung von Richard Dehmel und dem Verleger Eugen Diederichs hatte Heinrich Lersch noch im September 1918 eine Befreiung Gerrit Engelkes vom Frontdienst zu erreichen versucht, doch seine Bemühungen kamen zu spät.[190]

201. Wieland. Deutsche Wochenschrift für Kunst und Literatur.
   1. Jhrg., 1915, Nr. 1 und 1. Jhrg, 1915, Nr. 4

Zeitschriften und Bücher wurden Gerrit Engelke zur wichtigsten Abwechslung im Graben-Alltag. Am 11. 7. 1918 schrieb er an seine Braut Annie-Mai Siegfried: „Man scheint uns hier noch eine Galgenfrist zu gönnen. Wieviel Tage noch? Doch jetzt ist's mir wieder gleich, ich nehme dies Äußerliche, wie's kommt. Ich habe den guten

---

189 Vgl. Engelke an Jakob Kneip, Brief vom 8. 4. 1918, GW 483.
190 Vgl.: Heinrich Lersch: Über Gerrit Engelke. Rundfunkvortrag. In: Neuordnung und Tradition, Leipzig 1938, S. 5.

Abb. 34
Gerrit Engelke, 1918, aufgenommen von Heinrich Lersch.

grauen Walt Whitmann, der wird mir draußen Trost sein. Ich habe mir für den Graben drei Zeitschriften bestellt, um nicht ganz zu verkommen. Erstens: Wieland, zweitens: Das junge Deutschland, drittens: Elegante Welt (ja lach — ich muß doch wenigstens etwas Feines und Weibliches spüren, sei's auch nur ein Duft davon)."[191]

202. Das Junge Deutschland. Monatsschrift für Literatur und Theater
Hrsg.: Deutsches Theater zu Berlin, 1. Jhrg., 1918, Nr. 2

Die von Gerrit Engelke im Graben gelesene Zeitschrift mit dem zeittypischen Titel für eine sich an der „neuen Welt" orientierenden Literatengeneration vereinigte unter ihrem Namen zahlreiche bekannte Autoren. Sie enthält u. a. Dichtungen von: Gottfried Benn, Max Brod, Georg Heym, Franz Kafka, Oskar Kokoschka, Ernst Stadler, Carl Sternheim, Georg Trakl, Franz Werfel usw.

Der hier nur beispielhaft gezeigte Ausschnitt unter dem Titel „Die Kunst unserer Zukunft", dürfte von seiner Thematik her auch Gerrit Engelke angesprochen haben, befaßt er sich doch mit den Aufgaben einer zukünftigen, zeitorientierten Kunst, nach der neben so vielen Literaten der Zeit auch Engelke suchte. Hervorzuheben ist, daß lt. diesem Artikel, gleichlautend mit heutigen Beurteilungen, die Wende

---

191 Engelke an Annie-Mai Siegfried, GW 579.

zu gegenwartsbezogenem Denken in der Kunst mit Nietzsches „Zarathustra-Welt" angesetzt wird.[192]

203. Walt Whitman: Grashalme
In Auswahl übersetzt und eingeleitet von Johannes Schlaf.
Leipzig 1907.

Nach einem Brief Engelkes an Frl. B. vom 30. 6. 1918[193] zu urteilen, kannte Engelke die vorliegende Ausgabe der Whitman-Werke und bevorzugte diese Übersetzung von Johannes Schlaf.

Aus weiteren Briefen an seine Braut Annie-Mai Siegfried[194] geht hervor, daß Gerrit Engelke, begeistert von Whitmans Dichtung, stets eine andere Ausgabe der „Grashalme", ein Geschenk von Frl. B., zusammen mit einem Bild von seiner Braut Annie-Mai im Felde bei sich trug.

Gerrit Engelke kannte die Werke des amerikanischen Dichters bereits von Jugendzeit an. Gedichte, gestaltet nach dem Vorbild der Whitman-Dichtung, wie „Romanze in allen Regenbogenfarben" oder „Sonne" legen, wie auch einige Briefe Engelkes, jedoch eine intensive Beschäftigung mit Whitman erst für das Jahr 1918 nahe.[195]

204. Drei Karten zur Westfront bei Beginn des Kriegsjahres 1915
Beilage zu: Die Operationen des Jahres 1915. Die Ereignisse im Winter und Frühjahr. Hrsg.: Reichsarchiv. Berlin 1931

Der Karte sind fast sämtliche Stellungen und Orte zu entnehmen, an denen Gerrit Engelke 1915—1918 gekämpft hat.[196]

---

192 Vgl. Kapitel VIII.: „Rhythmus des neuen Europa", Nr. 162.
193 GW 486.
194 z. B. Engelke an Annie Siegfried, Brief vom 12. 8. 1918.
195 Vgl. auch Zitat in dem Kommentar zu Nr. 201 in diesem Kapitel.
196 Vgl. hierzu auch Teil E. in diesem Katalog.

Abb. 35
Walt Whitman: Grashalme.
In Auswahl übersetzt und eingeleitet von Johannes Schlaf. Leipzig 1907.

205. Gerrit Engelke: An die Soldaten des großen Krieges, vermutl. 20. 7. 1918[197]

Im Herbst 1917 fiel Engelkes ehemaliger Schulkamerad und Freund August Deppe. Ihm ist das Gedicht "An die Soldaten des großen Krieges" gewidmet. Es ist kein Kriegsgedicht, sondern ein Friedens-Appell, ein Aufruf zur Menschenbrüderlichkeit.

---

197 Vgl. hierzu Brief vom 20. 7. 1918 an Annie im Zusammenhang mit dem Brief vom 22. 7. 1918 an Frl. B. und einem Brief vom 31. 8. 1918 an Kneip.

Graben. 20. Sept. 18.

Lieber Vater Dehmel, E43
einen herzlichen Gruß aus
der Gegend St. Quentin! Bei-
liegendes Ged. erhielt ich von
„Die Glocke" zurück. Sollten
es „Weiße Blätter" oder „Die Aktion" durch Ihre gütige Vermittlung viell. nehmen?
Ich glaube aber, man wird's
jetzt überhaupt nicht brau-
chen können, u es politisch
u nicht (wie es scheint) mensch-
lich werten. So muß der „un-
zeitgemäße" Dichter, der zu
diesem Krieg sittlich menschen
reden möchte, stumm blei-
ben u später hinterher hin-
ken. Immer Ihr getreuer
u dankbarer Paul Zech

206. Gerrit Engelke an Richard Dehmel
 Brief, Graben, 20. 9. 1918

Engelkes Brief an Richard Dehmel bezieht sich auf das Gedicht „An die Soldaten des großen Krieges". Auf Engelkes Absicht, dieses Gedicht zur Veröffentlichung zu bringen, antwortete Richard Dehmel in einem Brief vom 26. 9. 1918[198]: Er hielte es für unmöglich, die „selbstverständliche Wahrheit" der Gedichtzeilen auch nur in einer einzigen Zeitschrift abgedruckt zu sehen.

207. Gerrit Engelke an Annie-Mai Siegfried
 Brief vom 7.(?) Oktober 1918
 Letzter Brief an die Braut.

Dieser Brief ist in seinem Wortlaut zum großen Teil identisch mit dem letzten Brief, welchen Gerrit Engelke am gleichen Tag an seinen Freund Jakob Kneip schrieb.[199]

Gerrit Engelke, in der Gewißheit eines nahen Kriegsendes, zieht das Resümee dieses Krieges. Sein letzter Satz aber an Jakob Kneip, der sich wortgleich in dem Brief an die Braut wiederfinden läßt, bringt noch immer den Glauben an die Gerechtigkeit des Schicksals zum Ausdruck. Er ist heute voll bitterer Ironie angesichts des Schicksals, welches sich wenige Tage später für den Dichter vollzog.

Am 11. 10. 1918 in den Abendstunden wurde Gerrit Engelke auf dem Rückzug von den Schlachtfeldern Frankreichs schwer verwundet.

In einem englischen Lazarett starb er zwei Tage darauf.

208. Grabstätte von Gerrit Engelke auf dem Kriegsfriedhof von Etaples, südlich von Boulogne
 Photographie

209. Annie-Mai Siegfried an Gerrit Engelke
 Brief vom 12. 2. 1919

---

198 Vgl. MORA 368 f.
199 GW 498 f.

11.) General Committee
7.(5) Okt. 18.

Ich kann heute so wenig
wie, was ich weiß aufschreiben
und skizzieren. Da alles so
wirr u. unabgeschlossen
durcheinander wogt,
ohne sich irgendwo zu einem
in sich festen Bild zu gestalten.
In wenig. Tg., sobald ich
etwas zu einem Bild kann
wachsen lassen, schreibe
eine ausführlich, eine
eingehende über W[ilson]s
Monographie u. höre alle
Augenblick von der Außen-
welt: Neue Regierung in
Deutschland, Friedensbereit-
schaft dieser auf Grundlage

der Wilson'schen Bedingun-
gen: Abfertigung 26 Sept-10 Okt.
In 3-4 Tagen haben wir
Waffenstillstand hart der
Major am Rapf. gesagt;"
kommt es einem jedenfalls
betrachten in Wirklichkeit
und die Dinge immer wieder
es vor als ob Gerüchte von
ihnen. Ist der Feind kraft-
es stecken wir schnell Frieden, will es uns vollständig vernichten, so möcht
es wohl erst am Rhein
halt. Wir sollten nicht
so furchtbar, wenn Deutschland seinen eigenmächt

es entrinnt keine Macht
dem Gericht der Zeit!

* Ein „Durchbruch Deutschlands zum Weltvolk" – dafür mancher nach Kriegsausbruch den Zeitpunkt für gekommen hielt – hätte nur einen neuen, gigantischen Triumph des Materialismus bedeutet.)

Ja, man wird so recht unsentimental u. fühlt sich nur als Durchgang für dieses u. jenes Geschehen, sei nicht böse, wenn ich nicht häufiger schreiben kann. Ich denke zu Weihn. etwa nach Berl. kommen zu können – aber viell. haben wir schon vorher Frieden?

Es küßt Dich mit aller Herzlichkeit Dein
Gst.

(Soweit ich mich erinnere schrieb ich am: 23. 24. 26. 27. 3.8. u. Heute)

Der Brief der Braut Gerrit Engelkes zeigt, daß lange Zeit nichts vom Tode des Dichters in seine Heimat vorgedrungen war. Erst im April 1919 erfuhren seine Familie und Freunde von der traurigen Wahrheit.

210. Jakob Kneip an Dr. Georg Rönberg
Brief vom 20. 4. 1920

Noch über ein Jahr nach Gerrit Engelkes Tod wußten viele seiner Bekannten nichts von seinem Schicksal. Erst nach und nach erschienen in Zeitungen und Zeitschriften erste Nachrufe über das fragmentarische Leben des begabten, viel zu früh gestorbenen Dichters.

211. Gerrit Engelke: An den Tod
Erstmals veröffentlicht: Frühjahr 1914[200]

Das innerhalb der Literatur über Gerrit Engelke aufgrund seiner Verwundung am 2. Oktober 1917 häufig falsch auf das Jahr 1917 datierte Gedicht bezieht sich auf kein konkretes Ereignis.

Vielmehr glaubte Gerrit Engelke, nach Aussagen seines dänischen Freundes Martin Guldbrandsen, zumeist in Phasen von innerer Unruhe, Einsamkeit und Trauer daran, einen frühen Tod zu erleiden. Zwei frühe Zeichnungen aus dem Jahre 1908 sprechen für Guldbrandsens Aussage.

212. Gerrit Engelke: Ein altes Lied
Tuschezeichnung, G. E. 1908, 26,3 x 19,6 cm.

213. Gerrit Engelke: Kampf mit dem Tod
Tusche, G. E. 1908, 26,3 x 19,6 cm.

---

[200] In: Quadriga. Vierteljahrsschrift der Werkleute auf Haus Nyland. 2. Jhrg., Frühj. 1914, Heft 8, S. 527.

X. „Man redet kaum noch über ihn ..."

Hundert Jahre sind seit der Geburt des hannoverschen Dichters Gerrit Engelke vergangen. In zahlreichen Anthologien und Schulbüchern erschienen seither die immer gleichen Großstadtgedichte des vermeintlichen Arbeiterdichters, und wieder werden Zeitungen und Zeitschriften ihn im Jubiläumsjahr 1990 gebührend ehren.

Jedoch: die Wirkung solcher Veröffentlichungen war bislang offensichtlich sehr gering. Selbst die Bürger seiner Vaterstadt Hannover haben ihren Dichter sehr schnell vergessen, obwohl, wie Dr. Walther Lampe, der Gründer der Gerrit-Engelke-Gedächtnis-Stiftung des Jahres 1938, hervorhebt, „Niedersachsen ... nicht wie andere deutsche Landschaften reich mit schöpferischen Menschen gesegnet "[201] ist.

Eine Schule trägt noch den Namen des Hannoveraners und seit 1979 verleiht die Stadt Hannover in zweijährigem Turnus einen mit seinem Namen versehenen Literaturpreis. Ansonsten aber kann fast niemand mehr, egal ob Arbeiter oder Germanist, eine genaue Auskunft über sein Werk geben.

Bezeichnend für das bislang fehlende allgemeine Interesse an Engelkes Dichtung, die in ihrer Zukunftsorientiertheit selbst heute noch nicht unmodern geworden ist, ist die Tatsache, daß eine erste, umfangreiche Abhandlung zu Leben und Werk des Dichters sehr spät, erst 1938, gar in französischer Sprache erschien.

Gegenwärtig sorgt sich ein kleiner Kreis, zusammengeschlossen zur Gerrit-Engelke-Gedächtnis-Stiftung e.V., um einen nicht unerheblichen Nachlaß von Handschriften, Photographien und Zeichnungen Gerrit Engelkes. Unter der Führung von dem 1985 verstorbenen Vorsitzenden Dr. Walther Lampe wurde die Stiftung bereits 1938 ins Leben gerufen. Viele detaillierte Angaben zur Biographie des Dichters stammen daher noch aus einer Zeit, als der Vorsitzende der Stiftung persönlichen Kontakt zu den Freunden Gerrit Engelkes unterhielt.

Aufgabe für die Zukunft wird es sein, das Werk des pantheistischen Dichters Gerrit Engelke einer breiteren Öffentlichkeit z. B. durch eine überarbeitete und ergänzte Neuauflage seines Gesamtwerks, in dem auch Parallelen zur Literatur seiner Zeit aufgezeigt werden sollten, näherzubringen. Eine Auswertung der von Walther Lampe gesammelten Angaben

---

201 In : Die Horen. Junger Literaturkreis. 3. Jhrg., 1958, Nr. 3, S. 22.

sowie der bis heute unveröffentlicht gebliebenen Gedichte[202], wäre für diesen Zweck dringend notwendig.

214. Nyland. Vierteljahrsschrift des Bundes für schöpferische Arbeit
Frühjahr 1920 (Der Quadriga 15. Heft), 2. Jhrg., Heft 3.

Die Zeitschrift „Nyland", die bis 1914 unter dem Titel „Quadriga" erschien, hatte im ihrem letzten Heft vor Ausbruch des Krieges eine erste größere Anzahl von Gedichten Gerrit Engelkes unter der Überschrift „Dampforgel und Singstimme" veröffentlicht.

Sie war es ebenfalls, die einen der ersten ausführlichen Nachrufe zu Leben und Werk des Dichters, dessen früher Tod erst im April 1919 bekanntgeworden war, abdruckte. Autor des Nachrufs ist der engste Freund und Vertraute Engelkes, der Mitarbeiter der Zeitschrift Jakob Kneip.

215. Gerrit Engelke: Sang im All
Gedicht (11. 7. 1918). In: Masken. Zeitschrift für Politik, Kunst und Kultur. Hrsg.: Hans Franck. 15. Jhrg., 1. 2. 1920, Heft 8./9., S. 180.[203]

Neben dem Gedicht „Sang im All" veröffentlichte die Zeitschrift noch Engelkes „Mensch zu Mensch", „Der Mann spricht", „Der Töneschichter", „Beethoven" sowie eines von Engelkes letzten „Tagebuchblätter aus dem Krieg".

Verwunderlich ist, daß Jakob Kneip in seinem ebenfalls abgedruckten Nachruf — bereits sehr kurz nach dem Tod des Dichters — die faktisch falsche Behauptung anstellte, daß Engelke im Frühjahr 1914

---

202 Annähernd 150 zumeist frühe Gedichte sind im sogenannten Gesamtwerk, 1960 herausgegeben von Walther Blome, nicht enthalten.
203 Diese Ausgabe der Zeitschrift „Masken" enthält u. a. folgendes von und zu Gerrit Engelke:
— Jakob Kneip: Gerrit Engelke. Ihr lieben Deutschen!, S. 172
— Heinrich Lersch: Der Dichter. Gerrit Engelke zm Gedächtnis. Gedicht, S. 177 f.
— Aus dem Nachlaß Gerrit Engelkes. (Gedichte:) Die Fabrik, O'Tehura, An die Soldaten des großen Krieges, Mensch zu Mensch, Der Mann spricht, Der Töneschichter, Beethoven, Sang im All. Tagebuchblatt und Briefe.

Abb. 36
Nyland. Vierteljahrsschrift des Bundes für schöpferische Arbeit, Frühjahr 1920, 2. Jahrg., Heft 3, Titelblatt.

zu Fuß zu Richard Dehmel nach Blankenese gepilgert sei und von diesem direkt zu den „Werkleuten auf Haus Nyland" verwiesen wurde.[204]

216. Gerrit Engelke: Gesang der Welt.
Arbeiterjugend-Verlag, Berlin 1927

Sehr bald nach seinem Tode wurde der Pantheist Gerrit Engelke, der sich zu seinen Lebzeiten gegen eine Einordnung als „Proletarierdichter" gewehrt hatte, von den Arbeiterdichtern als einer der ihren vereinnahmt. In dem Vorwort zu dem kleinen Bändchen „Sang im All" heißt es: „Wenn wir dieses kleine Büchlein, das neben einer Auswahl Engelke'scher Gedichte auch Briefe und Tagebuchblätter aus der Zeit des großen Krieges in geschlossener Form veröffentlicht, in die Herzen der vielen jungen Arbeiterinnen und Arbeiter schicken, so soll vor allem damit erinnert sein, daß die proletarische Jugend gewillt ist, die Treue zu ihrem Dichter auch noch über den Tod hinaus zu tragen. Sie fragt nicht, ob Gerrit Engelke kämpfend in ihren Reihen stand. Sie fragt auch nicht, ob er der roten Fahne so verschwistert war, wie die Freunde Barthel, Bröger, Schönlank es heute noch sind. Sie sagt nur: Er ist unser und gehört der Welt!"

217. Kriegsanthologien, Anthologien zur Arbeiterlyrik und Schulbücher[205]

Diese willkürlich aus einer Vielzahl von Anthologien und Schulbüchern herausgegriffenen Bücher mit ihren Veröffentlichungen von Gedichten Gerrit Engelkes verdeutlichen, daß die Einordnung von Engelke als Arbeiterdichter aufgrund seiner wenigen Großstadtgedichte sich bis in die heutige Zeit fortgesetzt hat. Dabei erfolgte die Auswahl aus seinem rund 130 Gedichte beinhaltenden Gesamtwerk (GW) für diese Veröffentlichungen äußerst einseitig. Zu finden sind immer wieder die Großstadtgedichte „Lied der Kohlenhäuer", „Auf der Straßenbahn", „Lokomotive", „Die Fabrik", „Stadt" und das fälschlicherweise auf das Jahr seiner ersten Kriegsverwundung 1917 datierte „An den Tod".

---

204 Vgl. Kapitel V.: „Die Werkleute auf Haus Nyland", Nr. 97.
205 Genaue bibliographische Angaben zu den gezeigten Anthologien und Schulbüchern befinden sich im Teil F. III. dieses Katalogs.

218. Gerrit Engelke: Vermächtnis
    Hrsg.: Jakob Kneip. Paul List Verlag, Leipzig 1937.

1937 gab Jakob Kneip mit „Vermächtnis" den Teil von Engelkes Dichtung heraus, den er 1921 in „Rhythmus des neuen Europa" noch nicht berücksichtigt hatte.

Das vorliegende mit Schutzumschlag und Banderole vollständig erhaltene Exemplar trägt auf der ersten und zweiten Innenseite als Besonderheit die Unterschriften von u. a. folgenden Verwandten, Freunden und Bekannten Gerrit Engelkes: Agnes Meyer (Mutter des Dichters), Frida Meyer und Otto Meyer (Stiefbruder Engelkes und dessen Frau), E. W. List (Verleger), V. C. Habicht[206], Jakob Kneip, Hermann Blome (späterer Herausgeber des Gesamtwerks) und Martin Guldbrandsen.

219. Jean Boyer: Gerrit Engelke. Poète ouvrier.
    Paris 1938

Jean Boyers Arbeit über Gerrit Engelke ist das erste größere zusammenhängende Werk, das über Leben und Werk des Hannoveraners veröffentlicht wurde. Den einzigen Aufsatz, der anläßlich des 65. Geburtstages 1955 über Gerrit Engelke erschien, leitete er, enttäuscht darüber, daß die Deutschen ihren Dichter vergessen hatten, mit den Worten ein: „Man redet kaum noch über ihn ..." und gab ihm den Titel: „Gerrit Engelke — ein vergessener deutscher Dichter?"

220. Enthüllung der Gedenktafel für Gerrit Engelke am Haus Wörthstr. 45 in Hannover am 13. 10. 1938
    Photographie

Die Enthüllung der Gedenktafel am Haus Wörthstraße 45, in dessen Hinterhaus Gerrit Engelke 1890 geboren worden war, fand in Anwesenheit der Mutter des Dichters durch den damaligen Vorsitzenden der Gerrit-Engelke-Gedächtnis-Stiftung, Dr. Walther Lampe, statt. Lampe hatte im gleichen Jahr die Stiftung ins Leben gerufen.

---

206 Habicht sorgte im April 1914 für den Ankauf von Zeichnungen und Graphiken Gerrit Engelkes durch das hannoversche Kestner-Museum.

Abb. 37
Feierliche Enthüllung einer Gedenktafel für Gerrit Engelke an seinem Geburtshaus
Wörthstraße 45 in Hannover am 13. 10. 1938.
Vor dem rechten Stuhl, mit Pelzschal: Die Mutter des Dichters.

221. „Letztwillige Verfügung" von Agnes Engelke
Testament, Schierbrok den 4. November 1941

Ende 1941 vermachte die Mutter Gerrit Engelkes für den Fall ihres Todes der zwei Jahre zuvor gegründeten Gerrit-Engelke-Gedächtnis-Stiftung, deren Vorsitzender, Dr. Walther Lampe, sie persönlich gut kannte, den Nachlaß ihres Sohnes. Einzig das Eigentums- und Urheberrecht für die „Briefe der Liebe", blieb, ebenfalls durch dieses

Testament festgelegt, in den Händen der früheren Braut Annie-Mai Siegfried.

Agnes Engelke verstarb zwischen dem 12.—15. November 1952 in Washington (USA).

222. Blätter der Gerrit-Engelke-Gedächtnis-Stiftung
Nr. 1, Hannover, im Oktober 1948

Anläßlich des 30. Todestags von Gerrit Engelke gab die Gerrit-Engelke-Gedächtnis-Stiftung, die die Jahre des zweiten Weltkriegs unbeschadet überstanden hatte, für ihre Mitglieder 1948 erstmals die „Blätter" der Stiftung heraus. „Auch in diesen Blättern" ist das bereits 1914 veröffentlichte Gedicht „An den Tod" auf das Jahr 1917 fehldatiert.

223. Einladung zur Feierstunde anläßlich des 30. Todestages des Hannoveraner Dichters Gerrit Engelke. Volkshochschule Barsinghausen, Mittwoch, 20. 10. 1948.
Plakat

224. 2 Stempel der Gerrit-Engelke-Gedächtnis-Stiftung

Die Militärstraße wurde um 1970 in Appelstraße umbenannt.

225. Stempel des Vereins der Freunde und Förderer der Gerrit-Engelke-Schule Hannover e. V.

Die Gerrit-Engelke-Schule, in der heute Hauptschüler unterrichtet werden, befindet sich im Stadtteil List in der Röntgenstraße.

226. Doppelkarte für die Mitglieder der Gerrit-Engelke-Gedächtnis-Stiftung, Hannover anläßlich des 50. Geburtstages von Gerrit Engelke am 21. 10. 1940.
Mit faksimilisierten Abdruck einer Strophe des Engelke-Gedichts „Stoßgebet"

Regelmäßige Veranstaltungen zu den Geburts- und Todestagen Gerrit Engelkes zeugen von den regen Bemühungen Walther Lampes um das Erbe des Dichters.

Als Lampe Ende 1985 starb, offenbarte sich anhand eines unüberschaubaren Aktenberges von Korrespondenzen, Notizen und Zeitungsausschnitten, mit welcher Mühe und Ausdauer er sich um das Fortleben des Hannoveraners für die Nachwelt verdient gemacht hatte.

227. Heinz-Christian Schaper: Hängt ein Stern in der Nacht. Gerrit Engelke.
Verlag F. E. C. Leuckart, München 1969.
Vertonung von vier Engelke-Gedichten für Chor.

Die Auseinandersetzung mit dem dichterischen Werk Gerrit Engelkes manifestierte sich nicht nur in Aufsätzen, Feierstunden und Gedenkschriften, sondern ebenfalls in der musikalischen Verarbeitung einiger seiner Gedichte. Neben den hier gezeigten veröffentlichten Bearbeitungen existieren noch weitere handschriftliche Vertonungen.

228. Emil Rabe: Nachtsegen (Gerrit Engelke). Neue Männerchöre zeitgenössischer Komponisten
Wildt's Musikverlag, Dortmund [1950].

229. Die Horen. Junger Literaturkreis.
3. Jhrg., 1958, Nr. 3.

1958 entdeckte der am aktuellen Zeitgeschehen des Nachkriegsdeutschlands kritisch interessierte „Junge Literaturkreis" den „alten" Dichter Gerrit Engelke. Der unter dem Vorsitz von Kurt Morawietz stehende Zirkel fand offensichtlich soviel Gefallen an dem Dichter, daß ihm eine ganze 22 Seiten umfassende Ausgabe ihrer Zeitschrift „Die Horen" gewidmet wurde.
Im Gegensatz zu anderen Autoren, die ihre Informationen über Engelke — wie sich an der Wiederholung der immer gleichen falschen Angaben zeigt — aus vorangegangenen Zeitschriftenartikeln blind übernahmen, hatte sich der „Junge Literaturkreis" ein eigenes Bild von dem Hannoveraner erarbeitet. In einem ausführlichen biogra-

phisch angelegten Aufsatz wurden u. a. bislang unveröffentlichte Gedichte und Tagebuchnotizen verarbeitet[207], die nur beim Stöbern in den Originalen im Archiv der Gerrit-Engelke-Gedächtnis-Stiftung entdeckt worden sein konnten. Positive Folge dieser eigenständigen Erarbeitung von Engelkes Leben und Werk war, daß erstmals seit langer Zeit ein Aufsatz erschien, der mit richtigen Daten[208] und Fakten einen Fortschritt für die Rezeptionsgeschichte um den Dichter bedeutete.

230. Kurt Morawietz: „Mich aber schone, Tod." Gerrit Engelke 1890—1918. Hannover 1979.

Kurt Morawietz, der einstige Vorsitzende des „Jungen Literaturkreises", der sich bereits 1958 für Engelke interessiert hatte, gab endlich —1979— die seit langem fällige erste Biographie über Gerrit Engelke heraus. Der besondere Verdienst dieser Veröffentlichung besteht vor allem darin, daß Morawietz endlich mit dem alten Bild des „Arbeiterdichters" Engelke aufräumte.[209] Dem gegenüber setzte er eine umfangreiche, fundierte und, wie man so mancher Anmerkung entnehmen kann, genau recherchierte, gut zu lesende Beschreibung vom Leben und Werk des Dichters.

Die Biographie ist mit Erstveröffentlichungen aus dem Nachlaß: Prosafragmenten, Fotos, Faksimiles von Briefen und Gedichthandschriften sowie Zeichnungen des Dichters, reich ausgestattet.

231. Hans Firzlaff: Kurt Morawietz räumt mit alten Vorstellungen auf! Karikatur

---

207 Das von Hermann Blome herausgegebene Gesamtwerk, das erstmals fast vollständig Briefe und Tagebuchaufzeichnungen enthält, erschien erst 1960.
208 Nur das Gedicht „An den Tod" wurde erneut falsch datiert.
209 Zwar hatte Dieter Schwarzenau, den Morawietz auch als Quelle in seiner Biographie erwähnt, in seiner Dissertation über Gerrit Engelke bereits klar und deutlich festgestellt, daß Engelke keinesfalls ein „Arbeiterdichter" sei. Doch war diese unveröffentlichte Arbeit rezeptionsgeschichtlich meist noch unberücksichtigt geblieben.

Die Darstellung des Zeichners und Karikaturisten Hans Firzlaff (1921—) bezieht sich auf die Biographie von Kurt Morawietz über Gerrit Engelke „Mich aber schone, Tod.", in der Morawietz endgültig mit der alten Vorstellung vom „Arbeiterdichter" Engelke aufräumt.

232. Lob und Preis & Schimpf und Schande. Dokumentation der Verleihung des Gerrit-Engelke-Literaturpreises der Landeshauptstadt Hannover am 25. 1. 1980.
Erweiterter Sonderdruck aus Band 117 der Zeitschrift für Literatur, Grafik und Kritik „die horen", 25. Jhrg., Frühj. 1980, hrsg. von Kurt Morawietz.

1979 wurde erstmals der von der Stadt Hannover gestiftete und auf 15 000 DM dotierte „Gerrit-Engelke-Literaturpreis" vergeben.

Zur Intension und zum Vergabestatut, welche die Stadt mit diesem Preis verbindet, heißt es: „Die Landeshauptstadt Hannover hat den Preis gestiftet, um sowohl den Dichter Gerrit Engelke zu ehren als auch ein literarisches Werk zu fördern, das der geistigen Haltung Engelkes entspricht. Die Auszeichnung kann nach dem Vergabestatut für ein einzelnes Werk oder für das Gesamtwerk eines Schriftstellers aus dem deutschsprachigen Raum verliehen werden. Der Gerrit-Engelke-Literaturpreis wird künftig alle zwei Jahre vergeben, er kann auch auf zwei oder drei Preisträger aufgeteilt werden. Die Entscheidung über die Preisvergabe liegt allein in den Händen der Jury (...)"[210] Zu den bisherigen Preisträgern gehörten u. a. Günter Herburger und Günter Wallraff (1979), Ingeborg Drewitz (1981), Max von der Grün (1985) und Friedrich Christian Delius (1989).

Die Preisvergabe an Herburger und Wallraff 1979 wurde aus den Reihen der CDU, unter dessen Regierung der Preis gestiftet worden war, stark kritisiert. Die CDU nahm schließlich an der Preisverleihung nicht teil, was einige Zeit für heftige Schlagzeilen in der Presselandschaft Hannovers sorgte. Lob und Preis & Schimpf und Schande dokumentiert die Auseinandersetzungen dieser Preisverleihung.

---

210 Lob und Preis & Schimpf und Schande, S. 6.

233.

Abb. 38
Verleihung des Gerrit-Engelke-Literaturpreises 1981 der Landeshauptstadt Hannover an Ingeborg Drewitz: Eintragung in das goldene Buch der Stadt, Rathaus, Februar 1982. (v. l. n. r.: Herbert Schmalstieg, Oberbürgermeister; Bernt Engelmann, Juror; Heinrich Albertz, Laudator; Ingeborg Drewitz).

234. Gerrit-Engelke-Blätter. Mitteilungen 1
Anfang August 1989

Nach dem Tod des Vorsitzenden der Gerrit-Engelke-Gedächtnis-Stiftung e. V., Dr. Walther Lampe, im Jahr 1985 waren die Aktivitäten der Stiftung zum Erliegen gekommen. Der dadurch drohenden Auflösung des vorstandslosen Vereins kam man in einer Mitglieder-Versammlung am 26. 5. 1989 zuvor. Ein neuer Vorstand wurde gewählt, der, neben der hauptsächlichen Aufgabe der Wahrung des

Engelke-Nachlasses, für das Engelke-Jubiläumsjahr 1990 verschiedene Veranstaltungen konzipierte.

Zu der Intension, die mit den Gerrit-Engelke-Blättern[211] verbunden ist, schreibt ihr Verfasser, der Schriftführer der Stiftung, Kurt Morawietz, in dem vorliegenden Blatt: „im Wortsinne des Titels kommen heute Blätter zu Ihnen, die eine sporadische Folge von Mitteilungen um Gerrit Engelke eröffnen und die sonst üblichen Rundschreiben ersetzen sollen: Mitteilungsblätter also für den engen Kreis der an Gerrit Engelkes Leben und Werk Interessierten (...). Ob sich aus diesen Blättern eine Art Broschüre entwickeln kann, eine Periodica, (...) steht in den Sternen und hängt auch von uns allen ab."

---

211 Die „Gerrit-Engelke-Blätter" stehen nicht in der Nachfolge der ab 1938 bis zu einem ungewissen Zeitpunkt von Dr. Walther Lampe herausgegebenen „Blätter der Gerrit-Engelke-Gedächtnis-Stiftung".

B. Biographie

1890

21. Okt.   Gerrit Engelke (lt. Taufschein der Apostelkirche zu Hannover vom 26. 12. 1890: Ernst Manilius Gerriet Engelke) wird in Hannover, Wörthstr. 45 A, als Sohn des Kaufmanns und Handlungsreisenden Louis Emil Engelke (1869—1931) und dessen Frau Agnes Conradine Charlotte Engelke (1859—1952), geb. Meyer, geboren. Die Familie wohnt bis 1910 in den unterschiedlichsten Straßen der hannoverschen Oststadt bzw. des Stadtteils Vahrenwald. Den Lebensunterhalt für die Familie verdienen die Eltern durch das Betreiben eines Woll- und Weißwarengeschäfts in der Göhrdestraße.

1892

31. Okt.   Geburt der Schwester Margarethe.

1897 oder 1898

Einschulung in der Bürgerschule 49/50 (Spittastraße) für Knaben, heutige Grundschule Alemannstraße.

1901

Mitte April   Der Vater verläßt aufgrund anhaltender Ehestreitigkeiten seine Familie und wandert in die USA (Seattle, Oregon) aus.

1905

Ende der Schulzeit und Beginn einer Lehre als Anstreichergehilfe bei einem Malermeister.

1907

Die ersten, bis heute erhaltenen Zeichnungen, sowie das Ölgemälde „Hausmusik" entstehen. Vermutl. besuchte Gerrit Engelke bereits zu dieser Zeit die Abendkurse der Werkkunstschule in Hannover. Tier-

Studien legen mehrere Aufenthalte im Naturhistorischen Museum der Stadt nahe.

1908

Besteht seine Gehilfenprüfung für das Maler- und Lackierergewerbe. Seine Freizeit gehört Konzertbesuchen, der Malerei und der Literatur. Lieblingsliteraten sind: Richard Dehmel, Emile Verhaeren, Jens Peter Jacobsen.

1909

Steht von diesem Jahr an bei verschiedenen Malerbetrieben in Lohn.

1910

Sommer	Lernt den dänischen Studenten Martin Guldbrandsen (1883—1976), der sich in den Semesterferien zusätzliches Geld verdienen möchte, bei der gemeinsamen Ausführung von Malerarbeiten kennen. Beide verbindet bis zum Herbst 1914 eine intensive Freundschaft.
Anfang August	Die Mutter und seine Schwester Margarethe folgen dem Vater und siedeln in die USA über. Neben Gerrit verbleibt der Halbbruder Otto Meyer in Hannnover und übernimmt das Weiß- und Wollwarengeschäft der Eltern. Hält sich zum Zeitpunkt der Umsiedlung bei den Großeltern väterlicherseits in Fedderwarden auf. Lebt sehr zurückgezogen und hat lediglich Kontakt zu seinem Jugendfreund aus der Schulzeit August Deppe, seiner Freundin Helene Kiem sowie deren Familie.
Anfang Sept.	Verläßt nach Streitigkeiten mit der Freundin Helene Kiem fluchtartig Hannover und fährt nach Basse bei Neustadt am Rübenberge. Steht dort bei einem Malermeister in Lohn. Kehrt Anfang Oktober nach Hannover zurück.
Ende September	Schreibt sein erstes Gedicht: „Nacht — (Eine Hymne)". Sendet es am 1. 10. (Poststempel) zusammen mit einem Brief an den dänischen Freund Martin

	Guldbrandsen, der ihn schon mehrmals zum Dichten ermutigt hatte.
	1911
ab Juni	Verstärkte Zuwendung zur Dichtung. Während einiger Spaziergänge im Georgengarten entstehen zahlreiche Gedichte, zumeist Liebeslyrik.
Anfang Nov.	Wird bis März 1912 arbeitslos.
Dez.	Verkauft aus finanzieller Not für 115,— M Bücher aus seinem Besitz von bislang ca. 400 Büchern.
	1912
26. Mai—4. Juni	Besucht z. T. zusammen mit M. Guldbrandsen und A. Deppe in Hannover eine „Festspielwoche" der „Königlichen Schauspiele". Gezeigt werden u. a. „Egmont", „Tristan und Isolde", „Lohengrin", „Der Rosenkavalier" und Mozarts „Don Juan".
12. Juni	Wird bei der Generalmusterung zum Krankenwärter-Garnisonlazarett-Hannover angesetzt.
Ende Okt.	Hat bis zum April des nächsten Jahres keine Arbeit und fragt wiederholt bei seinen Eltern um finanzielle Unterstützung an.
Dez.	Schreibt 25 Gedichte, u. a. „Die Schöpfung" — das spätere Eingangsgedicht seines Gesamtwerkes „Rhythmus des neuen Europa".
	1913
14. Febr.	Kündigt in einem Brief an seine Eltern die Fahrt zum Vorsitzenden der „Kleist-Stiftung e. V.", Richard Dehmel (Dichter, 1863—1920), an. Hat bislang 105 Gedichte geschrieben.
26. Febr.	Schreibt seinen ersten Brief mit der Bitte um „literarische" Unterstützung an Richard Dehmel. Spricht diesem gegenüber von 110 für ihn gültigen Gedichten.

Anfang März	Hält sich in Hamburg-Blankenese bei Richard Dehmel auf.[1]
8. April	Erhält, vermittelt durch Richard Dehmel, einen ersten Brief von Paul Zech (Dichter, 1881—1946). Im Juli- und Dezember-Heft der von Zech herausgegebenen Zeitschrift „Das neue Pathos" erscheinen daraufhin erstmals Veröffentlichungen seiner Gedichte.[2]
7. Juli	Erneuter Aufenthalt bei Richard Dehmel in Blankenese, um sich dessen Rat und Hilfe zu erbitten. Hält einige Stadtimpressionen in Gedichten fest (z. B. „Tagleben", 7. 7. 1913).
Mitte Dez.	Wird für die Wintermonate erneut arbeitslos.
Anfang Dez. 1913	Reicht an den hannoverschen Stadtdirektor Tramm ein Gesuch um Unterstützung ein und erhält daraufhin 100 M. Hofft dringend auf eine Stelle bei der Stadtbibliothek Hannover und bittet wiederum Richard Dehmel, ihn bei der Bewerbung durch ein Fürschreiben an den Stadtdirektor zu unterstützen.

1914

21. Jan.	Aus einem Brief an Richard Dehmel gehen Anzeichen zur Vorbereitung seiner ersten Gedichtsammlung „Dampforgel und Singstimme" hervor.
Febr.	Setzt sich mit dem Feuilleton-Redakteur des Hannoverschen Courier, Kaiser, in Verbindung, der ihm verspricht, alle 14 Tage eines seiner Gedichte abzudrucken.[3]
Mitte Febr.	Hat „mehrere gute Zeichnungen"[4] angefertigt und den zweiten Teil von seinem Drama „Wala", welches er schon längere Zeit in Arbeit hat, fertiggestellt.

---

1 Vgl. Engelke an den Vater, Brief vom 1. 5. 1913.
2 Genauere Angaben s.: Bibliographie, Kap. II.: Veröffentlichungen von Gedichten und Aufsätzen Gerrit Engelkes in Zeitungen und Zeitschriften 1913—1918.
3 Vgl. Anm. 2.
4 Engelke an Martin Gulbrandsen. Brief vom 15. 2. 1914.

	Schreibt die beiden Aufsätze: „Zur Ausstellung von Lithographien Eduard Munchs im Kestnermuseum" und „Drei Bücher".[5]
18. April	Dank der Vermittlung Richard Dehmels veröffentlichen die „Werkleute auf Haus Nyland"[6] in ihrer Zeitschrift „Quadriga" ohne Nennung des Autors unter dem Titel „Dampforgel und Singstimme. Rhythmen" 24 Gedichte Gerrit Engelkes (u. a. auch das Gedicht „An den Tod", o. J.).[7]
20. April	Verkauft für 350,— M ca. 70 Zeichnungen an das hannoversche Kestner-Museum.
22. April	Wird von Jakob Kneip auf dessen Wohnsitz, dem „Mühlchen" (Schloßmühle von Oranienstein bei Diez a. d. Lahn) eingeladen[8] und folgt Anfang Mai dieser Aufforderung. Bleibt dort 4 Wochen und ist am 30. 5. wieder in Hannover.
Mitte Juni	Verweilt während der Reise zu seinem dänischen Freund Martin Guldbrandsen für wenige Tage bei Richard Dehmel in Hamburg/Blankenese, lernt dort Helene Hillmann, eine Großnichte Dehmels kennen und verliebt sich in sie. Es entstehen in den Tagen darauf sechs Liebesgedichte zu dieser neuen Bekanntschaft[9].
21. Juni	Ankunft bei Martin Guldbrandsen in Dänemark. Wohnt dort in Faaborg, Kappellanstr. 10, Fünen.
2. Juli	Durchschwimmt innerhalb von 3 Std. die Bucht zwischen Faaborg und Dyreborg.
3. oder 4. Juli	Brief an Jakob Kneip: verkündet den Beginn der Arbeit an seinem Roman „Don Juan".

---

5 Vgl. Anm. 2.
6 Josef Winckler (1881—1966), Wilhelm Vershofen (* 1878), Jakob Kneip (1881—1958).
7 Vgl. Anm. 2.
8 Vgl. Jakob Kneip an Engelke, Brief vom 22. 4. 1914, Archiv der Gerrit-Engelke-Gedächtnis-Stiftung e. V.
9 Vgl. Engelke an Frl. H. H., Brief vom 30. 6. 1914.

5. Okt.	Brief an Jakob Kneip: „Der Don Juan ist dreiviertel fertig". Eine erste Kriegsskizze, „Die Festung" ist entstanden.
19. Okt.	Kehrt nach Deutschland zurück und meldet sich als Kriegsfreiwilliger. Da er bei der Generalmusterung am 12. 6. 1912 zum Dienst als Krankenwärter bestimmt worden war, hofft er, in ein Lazarett zu kommen.
Mitte Nov.	Läßt sämtliche Manuskripte aus Dänemark zur Aufbewahrung an Jakob Kneip senden.
20. Okt.—14. Dez.	Wird als Infanterist (Ersatz) in Flensburg ausgebildet[10]. Übersetzt den Aufsatz „Verschiedene Gesichtspunkte im Weltkrieg"[11] des Dänen Georg Brandes ins Deutsche. Hält diesen Aufsatz für sehr bedeutend und möchte ihn seinem Bekanntenkreis vermitteln. Schreibt weiterhin den Aufsatz „Eine neue Kunstwelt nach dem Kriege", der im Februar 1915 in der Zeitschrift „März"[12] veröffentlicht wird.

1915

14. Dez. 1914—10. Febr.	Befindet sich in einem Massenquartier in Sonderburg. Arbeitet weiter am „Don Juan" und der Übersetzung der Brandes-Aufsätze.
29. Dez. 1914—3. Jan	Erhält Urlaub, den er in Hannover verbringt.
12. Febr.—31. März	Befindet sich in Gent. Besucht die Kathedrale St. Bavo, die Genter Gemäldesammlung und verschiedene Konzerte, wann immer sein Militärdienst es zuläßt.
Frühj. (März?)	Jakob Kneip wird als Kriegsfreiwilliger bei einem Trainbataillon eingesetzt. Engelke bemüht sich nun

---

10 Angaben zu Engelkes Aufenthaltsorten im Krieg sowie seiner jeweiligen Regimentzugehörigkeit vgl. Kapitel E.: Daten und Fakten zu Gerrit Engelkes Teilnahme am I. Weltkrieg 1914—1918

11 Original unter dem Titel „Forskellige Synspunkter for Verdebskrigen" erschienen in der Kopenhegener Zeitung „Politiken, 22./24./27. 11. 1914.

12 Vgl. Anm. 2.

	darum, daß seine sämtlichen Manuskripte in die Hände von Frau Rody[13] gelangen.
31. März	Reise zum Schützengraben. Zunächst bleibt das Regiment im Ruhelager im Dorf Rumbeke bei Roulers. Ab dem 13. 4. erste Einsätze in den Schützengräben Flanderns, immer wieder unterbrochen von wenigen Ruhetagen in Rumbeke und anderen Quartieren. Die Fronteinsätze bieten Gerrit Engelke nur wenig Zeit, sich der Dichtung zu widmen. In Briefen an Freunde, vor allem J. Kneip, legt er seine dichterischen Pläne dar, die jedoch kaum noch zur Ausführung kommen werden.
22. April—7. Mai	Nimmt an Gefechten bei Langemarck teil, die sich bis nach Ypern ausdehnen.
27. April	Schickt die vorläufig letzten Blätter mit „Don Juan"-Entwürfen an Frau Rody.
7. Mai	Spricht in einem Brief an August Deppe erstmals von einer erweiterten Konzeption des Don Juan.
20. Mai—28. Mai	Befindet sich wiederum bei Roulers in Ruhestellung.
Anfang Juni	Hält sich in Moerdyk (nordöstlich von Nienport) in Flandern auf.
3. Nov.—14. Nov.	Erhält Fronturlaub, den er z. T. in Hannover verbringt. Trifft sich mit Frau Rody in Niederlahnstein und verliebt sich in sie. Kurz vor Ende des Urlaubs Zusammentreffen mit August Deppe, der ebenfalls auf Urlaub in Hannover ist.
Ende Dez.	Liest Goethes „Werther": Kommentar an Kneip (1. 1. 1916): „Lies Werther, und Du liest vieles von mir"[14].

1916

22. März	Wird in der Nähe von Ypern mit dem Eisernen Kreuz ausgezeichnet.

13 Frau des Bürgermeisters Theodor Rody in Niederlahnstein am Rhein und „Werkleiter" der „Werkleute auf Haus Nyland".
14 Engelke entdeckte in Goethes Werther primär sein Verhältnis zu Frau Rody.

seit Mitte Sept.	Plant mit Kneips Unterstützung (offensichtlich auf dessen Anregung hin) eine Ausgabe seiner Gedichte im Insel-Verlag[15].
10. Okt.	Kommt in Courcelles le Comte im Somme-Schlachtabschnitt an.
13. Okt.—28. Okt.	Nimmt an den Kämpfen im Somme-Schlacht-Abschnitt teil[16].
Anf.—19. Dez.	Erhält erneut Fronturlaub. Verbringt die freien Tage in Schleswig, Hannover, Hamburg und bei Jakob Kneip in Diez a. d. Lahn. Anschließend wird er in der Nähe von Dünaburg an der russischen Front eingesetzt.
Nov./Dez. (?)	Im Quadriga-Verlag erscheint die Broschüre „Schulter an Schulter. Gedichte dreier Arbeiter" mit Gedichten von Gerrit Engelke, Heinrich Lersch und Karl Zielke.

1917

April	Verfolgt gemeinsam mit Jakob Kneip und Heinrich Lersch (1889—1936)[17] den Plan, mit dem Verlag der „Westdeutschen Arbeiterzeitung" eine Buchreihe und eine Zeitschrift herauszugeben. Der von Lersch initiierte Plan scheitert jedoch.
Ende April	Wird erneut an der französischen Front eingesetzt.
21.—25. Juni	Seine Kompanie wird in die Gefechte bei Vauxaillon verwickelt.
2. Okt.	Wird verwundet (Splitter im rechten Oberarm) und verbringt die Zeit bis Mitte November im Lazarett zu Hersfeld (Fulda). Schreibt hier den Anfang von „Buch des Krieges", das sich inhaltlich auf das Schicksal seines Freundes August Deppes bezieht, der vermißt wird.

---

15 Diese Bemühungen führen erst 1921 zu einer Ausgabe seiner Gedichte unter dem Titel „Rhythmus des neuen Europa", erschienen im Diederichs-Verlag.
16 Vgl. „Kriegstagebuch. Somme. 1916.", GW 307.
17 Kesselschmied und Schriftsteller, der mit den „Werkleuten auf Haus Nyland" in Verbindung stand.

Mitte Nov.? — 14. Dez.	Erhält Urlaub, von dem er 6 Tage in Hannover und einen weiteren Teil im „Mühlchen" in Diez an der Lahn verbringt. Lernt dort Annie-Mai Siegfried, eine entfernte Verwandte Jakob Kneips kennen. Anschließend kommt er zum Ersatz-Batl. in Düren (Westf.). Trifft sich, solange er dort weilt, des öfteren mit A.-M. Siegfried.
22. Nov.	Beginn des bis zum Tode andauernden Briefwechsels mit Annie-Mai Siegfried[18].

1918

28. Dez. 1917— Anf. Febr.	Verbringt einen erneuten Urlaub bis zum 5. 1. im „Mühlchen". Verabredet sich für den Neujahrstag mit A.-M Siegfried in Niederlahnstein und verliebt sich nun endgültig in sie. Schon in den nächsten Briefen an J. Kneip schreibt er von Heirat, die von beiden Seiten gewünscht wird.
10. Febr.—27. März	Befindet sich wieder in Düren.
28. Febr.	Verlobung mit Annie-Mai Siegfried.
Anfang März	Erste Kontakte mit Carl Seelig[19].
27. März	Erhält Osterurlaub, den er zusammen mit A.-M. Siegfried vom 29. 3.—1. 4. in Boppard am Rhein verbringt. Anschließend wieder in Düren.
6./7. April	Erste persönliche Begegnung mit Heinrich Lersch.
11. April	Wird k. v. geschrieben.
27. April	Brief an Jakob Kneip: „Ich bin niemals so schweren Herzens hinausgegangen wie diesmal".
30. April	Rückkehr an die Front (Frankreich). Traf sich vermutlich am Nachmittag des Vortages zum letzten Mal mit Annie in Königswinter.
ab Mitte Juli	Im Schützengraben.

[18] Vgl. Gerrit Engelke: Briefe der Liebe. M. Gladbach/Köln 1926.
[19] Schweizer Schriftsteller und Verleger, der mit den „Werkleuten auf Nyland" in Verbindung stand.

20. Juli	Schreibt vermutlich an diesem Tag[20] an dem Gedicht „An die Soldaten des großen Krieges".
Ende August	Befindet sich im Graben bei Bussy mitten im „Trubel der Großkämpfe"[21]. Annie-Mai S. zieht von Troisdorf nach Berlin, wo sie Gerrit Engelke heiraten und mit ihm zusammenleben möchte.
11. Okt. (abends)	Wird am linken Oberschenkel schwer verwundet und erst am darauffolgenden Tag von den nachrückenden Engländern gefunden.
13. Okt.	Gerrit Engelke stirbt auf französischem Boden in einem englischen Lazarett und wird auf dem Kriegsfriedhof von Etaples (kleiner Ort an der französischen Kanalküste, südlich von Boulogne) begraben.

1921

Im Diederichs Verlag in Jena erscheint unter dem noch von Engelke selbst gewählten Titel „Rhythmus des neuen Europa"[22] eine erste Sammlung seiner Gedichte. Herausgeber der Sammlung ist Jakob Kneip.

---

20 Vgl. Engelke an Annie-Mai Siegfried, Brief vom 20. 7. 1918.
21 Vgl. Engelke an Jakob Kneip, Brief vom 31. 8. 1918.
22 Vgl. Engelke an J. Kneip, Brief vom 25. Sept. 1917.

C. Das „neue Europa"

Mensch zu Mensch

Menschen, Menschen alle, streckt die Hände
Über Meere, Wälder in die Welt zur Einigkeit!
Daß sich Herz zu Herzen sende:
Neue Zeit!

Starke Rührung soll aus Euren Aufenthalten
Flutgleich wellen um den Erdeball,
Mensch-zu-Menschen-Liebe glühe, froh verhalten
Überall!

Was gilt Westen, Süden, Nähe, Weitsein,
Wenn Euch eine weltentkreiste Seele millionenfältigt!
Euer Mutter-Erde-Blut strömend Ich- und Zeitsein
Überwältigt!

Menschen! Alle Ihr aus einem Grunde,
Alle, Alle aus dem Ewig-Erde-Schoß,
Reißt Euch fort aus Geldkampf, Krieg, der Steinstadt-Runde:
Werdet wieder kindergroß!

Menschen! Alle! drängt zur Herzbereitschaft!
Drängt zur Krönung Eurer und der Erde!
Einiggroße Menschheitsfreude, Welt- und Gottgemeinschaft
Werde!

Es war im Kriegsmonat September des Jahres 1917, als Gerrit Engelke seinem bisherigen dichterischen Werk den Titel „Rhythmus des neuen Europa" gab[1], ein Titel, von dem Julius Bab 1924 schrieb: „Man kann von diesem Buche vielleicht nichts stärkeres sagen, als daß es wirklich ein Recht zu diesem kühnen Titel hat, daß in ihm etwas zu spüren ist vom Rhythmus eines neuen (...) Europa."[2]

---

[1] Erst 1921 erschien die bereits von Jakob Kneip und Gerrit Engelke gemeinsam geplante Ausgabe von Engelkes Werk unter dem genannten Titel (s. Bibliographie, Primärliteratur)

[2] Julius Bab: Kunst und Volk. Heft 3. Arbeiterdichtung. Berlin 1924, S. 38.

Gerrit Engelke erläuterte den Begriff „Rhythmus" vor allem in seinen Tagebuchaufzeichnungen „GOTTHEIT. ZEIT. UND ICH. Merkungen und Meinungen". Zu untersuchen bleibt seine Interpretation von einem „neuen Europa".

Gerrit Engelkes Formulierung eines „neuen Europa" entsprach einem „Trend" seiner Zeit. Angesichts der zunehmenden Industrialisierung und Technisierung mit einem ersten Höhepunkt in Deutschland zu Anfang des 20. Jahrhunderts und der daraus resultierenden, bislang unbekannten, Orientierungslosigkeit und Reizüberflutung des Individuums Mensch, hatten sich hauptsächlich Künstler und Literaten[3] der Aufgabe angenommen, den Menschen Wege aus dieser Orientierungslosigkeit zu zeigen.

Das alte christliche Weltbild, das über Jahrhunderte Bezugspunkt für den einzelnen innerhalb des Weltgeschehens gewesen war, hatte dem Vergleich mit den vielseitigen und rasant sich vollziehenden Ereignissen der Zeit nicht mehr standhalten können. Der Zerfall von innerer und äußerer Einheit in Einzelteile trat an die Stelle der Totalität der christlichen Welt. Friedrich Nietzsches „Zarathustra" formulierte dieses Phänomen in seiner Feststellung, daß Gott tot sei.[4]

Die „neue Welt" bzw. das „neue Europa" ist folglich nicht allgemein und im geographischen Sinn zu verstehen, sondern als Bezeichnung dessen, was die Neuerungen eines Zeitalters aufgrund eines verlorengegangenen Weltbilds in verschiedenster Weise beschreibt.

Gerrit Engelke manifestierte seine Auffassung von einem „neuen Europa" überwiegend in seinen Gedichten und nur z. T. in seinen Tagebuchaufzeichnungen. Bemerkenswert ist in diesem Zusammenhang, daß genau jene seiner Gedichte beispielhaft sind, die, anders als die in den Anthologien über Arbeiterdichtung ständig wiederholten „Industriegedichte"[5], bislang kaum veröffentlicht wurden und nur wenig Aussagen zum Thema Alltagsleben enthalten.

Dies ist ein erstes Indiz dafür, daß Engelke unter der Darstellung des „neuen Europa" nicht vordergründig die reine Beschreibung der Auswirkungen der

---

3 Vgl. insbesondere die Dichter des Literarischen Expressionismus.
4 Friedrich Nietzsche: Also sprach Zarathustra. Vorrede, 2. Kapitel (als Beispiel). Vgl. auch Katalog Teil A, Kapitel VIII, Nr. 162.
5 In Anthologien und Schulbüchern sind meistens folgende Gedichte Gerrit Engelkes zu finden: „Fabrik", „Lokomotive", „Lied der Kohlenhäuer", „Tod im Schacht", „Auf der Straßenbahn", „Stadt".

Industrialisierung — wie z. B. die Wiedergabe in Milieustudien — verstand.

Für Engelke war die Stadt nie nur ein technisch funktionierendes, bestaunenswertes Konglomerat aus Häusern, Fabriken und Menschen, welches es zu schildern galt.

In allen seinen Gedichten erlebt er das Straßengeschehen aktiv mit. Und selbst dann, wenn die Stadt, ihre Fabriken und Straßen, ihre Nachtruhe den Menschen umfangen, das aktive Erleben der Ich-Person bleibt. In dem Gedicht „Die Stadt lebt"[6] personifiziert Engelke die Stadt und läßt sie sein eigenes Empfinden übernehmen:

> „Die Stadt weiß nichts vom bunten Aufschrei der Natur,
> vom letzten aufgepeitschten Blätterwirbel,
> Die Stadt hört nicht von Berg und Stoppelflur
> den trauergroßen, herben Schlafgesang."

Für Engelke ist der Mensch Empfänger und Impuls seiner Umgebung: in ihm strömt das Blut, Leben und der Rhythmus allen Geschehens sowie aller Dinge. Es besteht Gemeinsamkeit und Gleichzeitigkeit:

Das Weltrad

Das Weltlebensrad saust,
Ich sause mit!
Es schüttert, schleudert rast, braust
Pfeifendschrille —
Ich schleudere, rase braune mit
Weil ich will! weil ich will!

Ich geh täglich meine mühsamen Schritte,
Doch — zu wirbelndem Fluge
Im Zeit-Zuge
Reißt mich des Weltrades Kraftmitte
Vorwärts!

Das Weltradsausen singt,
Sein unaufhörlich großer Ton bezwingt
Mich in den Rasekreis:
Das ist mein Schicksalsbeschluß,
Das ist alles was ich weiß:
Daß ich mitsausen,
Daß ich mitbrausen
Muß!

[6] GW 53.

Nichts vor den Sinnesorganen des Menschen kann sein, ohne daß es sie durchdringt: „Leben heißt: Erleide deine Welt!" [7]

Werden Ding-Rhythmus und Blut-Rhythmus[8] des Menschen eins, so ist für Engelke ein Idealfall eingetreten: Ding-Rhythmus ist Gott-Rhythmus und da Rhythmus zugleich Blutgefühl ist, gibt es eine Verbindung von Mensch und Gott.

Jedes Ding und Geschehen besitzt einen Urgrund (göttlichen Kern), der, so Engelkes pantheistische Auffassung, durch keine Religion definierbar ist.

Das Durchdrungensein des Menschen vom Gott-Rhythmus existiert primär nicht auf rationaler Ebene, sondern: jede Bewegung einer Maschine, eines Menschen, eines Baumes usw. spricht sein (menschliches) Gegenüber mit einer Eigenart an, die in Körper, Leben und Blut des Betrachters einen entsprechenden Rhythmus auslöst. Und dieser auslösende Faktor wird in allen Menschen Gleiches hervorrufen, unabhängig davon, wie gut der Betroffene das Erfahrene zu artikulieren vermag. Die Aufgabe des Dichters aber ist es, dieses Erfahrene zu vermitteln, für all jene, die es nicht bewußt wahrnehmen können bzw. für solche, die der Vermittlung unfähig sind:

Der Mittler

Dich, Dichter und Denker,
Umstürzt das tosende Meer der Lärm-Welt:
Kreischende Wellen, zischender Gischt hasten wie Springflut,
Dich umbrüllend, dir zu.
Wellen um Wellen schleudert die Welt um dich auf:
Fabriken, von fauchenden Eisenbahnen durchtummelt,
Laufende Menschen, schreiende Menschen,
Ineinander geschobene Pferde und Wagen,
Straßenbahnen,
Aufgesprengte Domtürme, Sing-Prozessionen,
Boot-Gewimmel,
Dampfer mit Heul-Sirene,
Und Qualm, Lärm, Qualm, Hammerlärm —
Alles
Stürzt zusammen

---

7 Tagebuchnotiz G. Engelke vom 19. 11. 1915.
8 „Rhythmus ist Blutgefühl". Gerrit Engelke: „GOTTHEIT. ZEIT. UND ICH. Merkungen und Meinungen.", GW 213 sowie Katalog Teil A, Kapitel I, Nr. 22.

> Und fällt hämmernd rasselnd blitzend schreiend
> Über dich her!
> Da faßt dich eine rasende Springwoge
> Und schleudert dich hoch!
> Höher —
> Ein letzter Gischtspritzer leckt dir den Fuß
> Und — da schwebst du in Sphären-Klarheit
> Erlöst über der Dampf-Welt,
> Über der Kampf-Welt da unten, tief unten —
> Sink wieder hinab,
> In die Welt,
> Dichter und Denker!
> Öffne den Menschen
> Die Sinne mit deinem Wort,
> Laß sie erkennen, die Menschen,
> Den Welt-Trieb-Geist,
> Den Gottgeist.[9]

Nur unter dieser Voraussetzung, daß alle Menschen im Urgrund gleich empfinden, weil Welt und Ich einen immer gleichen göttlichen Kern besitzen, daß alle Menschen den Rhythmus der Dinge gleich spüren, ist die Vorstellung von einem „neuen Europa", wie es Engelke in seinem Gedicht „Mensch zu Mensch" fordert, möglich. Und nur deshalb konnte Engelke in Kriegstagen schreiben:

> „Von Front zu Front und Feld zu Feld,
> Laßt uns singen den Feiertag der neuen Welt!
> Aus allen Brüsten dröhne eine Bebung:
> Der Psalm des Friedens, der Versöhnung, der Erhebung!"[10]

ohne mit diesem Denken von einer „neuen Welt" in Konflikt zur eigenen Kriegshandlung zu geraten[11].

---

9 Vgl. auch Katalog Teil A, Kapitel III, Nr. 78.
10 In: „An die Soldaten des großen Krieges", 20.(?) Juli 1918
11 Anfangs sieht Engelke sogar einen Vorteil im Kriegsgeschehen, weil es die Kameradschaft und die Einigkeit fördere: „Wir fühlten: wir haben wieder Seele. Und dann dieses: Daß Einer für den Anderen steht; dies Eine, Größte: Einigkeit! Und Einigkeit ist Liebe. Liebe aber ist beides: Leben und Seele!" (Tagebuchblätter aus dem Kriege, 24. 12. 1914) Trotz der späteren Einsicht, daß Kameradschaft und Einigkeit nicht identisch sind, lehnte Engelke es noch 1918 ab, vom Frontdienst befreit zu werden.

Das „neue Europa", es war für Gerrit Engelke vor allem ein neues, engeres und besseres Miteinander der Menschen aller Nationen auf der Grundlage einer pantheistischen Weltanschauung. Ein solches Europa schloß selbstverständlich eine Industrialisierung und Technisierung der Welt mit ein, jedoch niemals als die Hauptsache innerhalb der Menschheit: „Hüten wir uns vor dem Nur-Industrialismus!" Man würde alles über diesen einen Kamm scheren; uns in das Schubladenfach „Industriekunst" legen. Wir singen von der modernen Arbeit, weil wir aus ihr kamen und mit ihr leben müssen. Wir sehen sie aber nicht als etwas Ausschließliches, sondern nur als einen Teil des gottvollen Ganzen, das unsere Welt heißt, an. Höher als dieser Stoffton muß uns die Aufgabe stehen, vom guten Europäertum, vom „Menschlichen" zu singen!"[12]

---

12 G. Engelke an Jakob Kneip, Brief vom 15. 4. 1917.

D. Wohnorte Gerrit Engelkes, August 1910—Juni 1914[1]

25. 10. 1910: Welfenplatz 8 II

10. 12. 1910: Göhrdestraße (Nr. nicht bekannt, vermutlich ist lediglich die Geschäftsadresse des Stiefbruders Otto angegeben, der viele Briefe für seinen Bruder Gerrit empfing).

3. 9. 1911: Türkstraße 7 a I

22. 2. 1912: Gustav-Adolf Straße 12 II links (bei Körber)

26. 2. 1913 und 15. 1. 1914: Celler Straße 154 I

2. Pfingsttag 1914: Arndtstraße 35 III r.

Ein häufiger Aufenthaltsort Gerrit Engelkes in den Jahren 1910/11 war ebenfalls der Klagesmarkt 2 I, Wohnort der vermutlich mit Engelke verwandten Familie Kiem.

---

[1] Ermittelt aus Briefen, die Gerrit Engelke an Verwandte, Freunde und Bekannte geschrieben hat.

E. Daten und Fakten zu Gerrit Engelkes Teilnahme am 1. Weltkrieg 1914—1918

1. Angaben zu Truppenteilen, denen Gerrit Engelke angehörte:

20. 10.—14. 12. 1914:
Ersatzreservist G. Engelke
Rekrutendepot A
Landwehr-Ersatz-Bataillon
Korporalschaft 32
Flensburg

14. 12. 1914—10. 2. 1915:
Ersatz-Reservist G. Engelke
Landwehr-Ersatz-Bataillon 85
Rekrutendepot II
7. Korporalschaft
Sonderburg

12. 2.—31. 3. 1915:
Rekrutenbrigade
Etappeninspektion 4
4. Bataillon
5. Kompanie
3. Korporalschaft
Gent

1. 4. 1915—(?). 4. 1917:
Reserve-Ersatzregiment 3
3. Bataillon
12. Kompanie
5. Ersatzdivision
Armeegruppe Scholtz

Mitte 4. 1917—2. 10. 1917:
Reserve-Infanterie-Regiment 258
4. Kompanie

ab 2. 5. 1918:
Reserve-Infanterie-Regiment 65
12. Kompanie

2. Gerrit Engelkes Aufenthaltsorte an den verschiedenen Frontabschnitten:

1914

Ausbildung

20. 10—14. 12. 1914: Ausbildung als Infanterist (Ersatz) in Flensburg.

1915

14. 12. 1914—10. 2. 1915: Sonderburg (Insel Alsen/Schleswig). Warten auf den Einsatz an der Front.

Einsätze in Flandern vom 12. 2. 1915—Mitte 10. 1916:

12. 2.—31. 3.: Gent.

1. 4.—8. 4.: Ruhelager in Rumbeke bei Roulers.

Einige Tage um den 10. 4.: Ruhestellung in Sprijt in der Nähe Langemarcks.

12. 4.— ca. 16. 4.: Einsatz im Schützengraben

17./18. 4.: Ost-Nieuwkerke.

22. 4.—7. 5.: Teilnahme an Gefechten in der Nähe von Langemarck (befindet sich am 4. 5. 1915 in der Nähe von Höhe 60).

ab 7. 5.: Einige Ruhetage in Ost-Nieuwkerke.

16. 5.: Reservestellung bei St. Julien.

20. 5.—28. 5: Ruhestellung in Roulers.

29. 5—1. 6.: Ferme Flaminghe (vor Ypern), Einsatz im Graben.

6. 6.: Moerdyck (Moere), südöstlich von Nieuport. Warten auf neue Stellung.

16. 6.: Seit einer Woche Aufenthalt auf verschiedenen Gehöften direkt an der Yser (Kloster Hock, Vigogne Ferme, Styvens Kerke).

22. 6.: Leke

4. 7.—Ende Juli: Vanderwoude Ferme, Yser.

7. 8.: Keyem, im Ruhequartier.

27. 8.: Leke

3. 11.—14. 11: Auf Urlaub in Hannover

3. 12.: Leke

1916

1. 1.: Schoore, Uhlhorn-Ferme

Juli—Mitte September: Nähe Ypern (15. 9.: Teubrielen).

10. 10.: Courcelles le Comte (Bapaume)

13. 10.: Achiet le Grand (Bapaume)

13. 10—29. 10.: Teilnahme am Kampfgeschehen im Somme-Schlacht-Abschnitt.

29. 10.: Farreuil

5. 11.: St. Marie à Py (Champagne)

10. 11.: St. Marie à Py — St. Souplet

Anfang—Mitte Dezember: Fronturlaub.

Einsatz an der Russischen Front:

19. 12.: Ankunft in Grendsen (nördl. Dünaburg), Rußland

1917

4. 2.: Kurland

Einsatz an der Westfront:

27. 4.: Vogesen

13. 5.: Transport nach Verneuil sur Serre (Laon)

9. 6.: Pinon-Anicy le Chateau

11. 6.: Pinon (Aisne)

21.—25. 6.: Gefechte bei Vauxailon

23. 6.: Pinon-Anicy le Chateau

(Vermutl. befindet sich Engelke vom 20. 5.—11. 7. 1917 in verschiedenen Stellungen um Pinon.)

23. 7.: Pinon, Schützengraben.

4. 9.: Billy

22.—(mindestens)25. 9.: Vaux-Kreuz-Höhe (vor dem Fort Douaumont).

2. 10.: Verwundet, Splitter am rechten Oberarm.

1918

14. 12. 1917—29. 4.: bei einem Ersatz-Bataillon in Düren (Westfalen).

2. 5.: Überschreitet bei Herbesthal zum letzten Mal die Grenze zum Westen.

8. 5.: Kommt nach siebentägiger Reise im Feld-Rekruten-Depot in Vendies (Valenciennes) an. Durchquert während der Anreise die Orte St. Quentin und Cambrai.

ab 9. 5.: Vendiyies sur Ecaillon

28./29. 5.: Zweitägige Marsch- und Gefechtsübung nördlich von Cambrai.

18. 7.—22. 7.: Schützengraben bei St. Mihiel

30./31. 8.: Bussy, Teilnahme an Frontkämpfen.

23. 9.: Schützengraben südlich von St. Quentin.

3. 10.: Beförderung von Cannières Richtung Cambrai.

9. 10.: Cannières, nahe Cambrai.

F. Bibliographie

I. Primärliteratur: Gerrit-Engelke-Werke

Blome, Hermann (Hrsg.): Rhythmus des neuen Europa. Das Gesamtwerk. Hannover 1979 (Originalausgabe: Paul List Verlag, München 1960). (In diesem Katalog angegeben durch die Abkürzung GW)

Kneip, Jakob (Hrsg.): Gerrit Engelke. Briefe der Liebe. München-Gladbach/Köln 1926.

Kneip, Jakob (Hrsg.): Gerrit Engelke. Vermächtnis. Leipzig 1937.

Kneip, Jakob (Hrsg.): Rhythmus des neuen Europa. Jena 1921.

Oschilewski, Walther G. (Hrsg.): Gesang der Welt. Gedichte, Tagebuchblätter und Briefe. Berlin 1927.

Schulter an Schulter. Gedichte von drei Arbeitern — Gerrit Engelke/Heinrich Lersch/Karl Zielke. Jena 1916.

Schwarzenau, Dieter: Gerrit Engelke. Unveröffentlichte Gedichte aus dem Nachlaß. 1911—1918. Kiel 1966.

II. Veröffentlichungen von Gedichten und Aufsätzen Gerrit Engelkes in Zeitungen und Zeitschriften 1913—1920

1. Zeitungen

Hannoverscher Courier (ab Herbst 1914: Hannoverscher Kurier): [1]

Zur Ausstellung von Lithographien Eduard Munchs im Kestnermuseum. In: Tägliche Unterhaltungsbeilage zum Hannoverschen Courier, 61. Jhrg., Mittwoch, 4. 3. 1914, S. 10, morgens.

Kinematograph. In: Tägliche Unterhaltungsbeilage z. H. C., 61. Jhrg., Sonnabend, 14. 3. 1914, morgens [GV[2]].

---

1 Durchgesehen sind: Jan.—Dez. 1914; Jan.—Juni 1915; Okt.—Dez. 1915; Jan.—März 1916; Sept.—Dez. 1918. Aus einem Brief Engelkes vom 15. 2. 1914 an M. Guldbrandsen geht hervor, daß Engelke erst vom Frühjahr 1914 an im Hannoverschen Courier veröffentlicht haben kann. Eine Auswertung des Hannoverschen Anzeigers steht noch aus.

2 GV = Gedichtveröffentlichung. Alle weiteren aufgeführten Veröffentlichungen sind Rezensionen oder Prosawerke.

Drei Bücher. In: Tägliche Unterhaltungsbeilage z. H. C., 61. Jhrg., Freitag, 27. 3. 1914, S. 10, morgens.

Nachtsegen. In: Tägliche Unterhaltungsbeilage z. H. C., 61. Jhrg., Sonntag, 29. 3. 1914, S. 9, morgens [GV].

Der Tod im Schacht. In: Tägliche Unterhaltungsbeilage z. H. C., 61. Jhrg., Freitag, 10. 4. 1914, S. 11, morgens [GV].

Erfüllung. In: Tägliche Unterhaltungsbeilage z. H. C., 61. Jhrg., Dienstag, 12. 5. 1914, S. 11, morgens.

Über: Möglichkeit des Tragischen in unserer Zeit, und über die neue Weltdichtung. In: Tägliche Unterhaltungsbeilage z. H. C., 61. Jhrg., Sonntag, 31. 5. 1914, S. 9, morgens.

Euridyke. In: Tägliche Unterhaltungsbeilage z. H. C., 61. Jhrg., Donnerstag, 2. 7. 1914, S. 7, morgens [GV].

Schenke uns Sieg. In: Tägliche Unterhaltungsbeilage zum Hannoverschen Kurier, 61. Jhrg., Freitag, 6. 11. 1914, morgens [GV].

Ausfahrt. In: H. K., 61. Jhrg., Donnerstag, 19. 11. 1914, S. 2, abends [GV].

Der Freiwillige. In: Tägliche Unterhaltungsbeilage z. H. K., 61. Jhrg., Sonnabend, 26. 11. 1914, S. 9, morgens [GV].

So schlägt das Schicksal an die Pforte. In: Tägliche Unterhaltungsbeilage z. H. K., 61. Jhrg., Sonntag, 20. 12. 1914, S. 9, morgens [GV].

Lied des Kohlenhäuer. In: Tägliche Unterhaltungsbeilage z. H. K., 62. Jhrg., Dienstag, 23. 3. 1915, S. 10, morgens [GV].

2. Zeitschriften

Diogenes. Veröffentlichungen für Dichtung der Gegenwart. Hrsg.: Oscar Ludwig Brandt. Berlin:

In Flut und Licht. In: 2. Jhrg., 1919/21, S. 41—43 [GV].

Lied der Kohlenhauer. In: 2. Jhrg., 1919/21, S. 44—45 [GV].

Mittags unterm Baum liegend. In: 2. Jhrg., 1919/21, S. 46 [GV].

Verlorenheit. In: 2. Jhrg., 1919/21, S. 43 [GV].

Die Flöte. Hrsg.: Carl Stang/Julius Kühn (Jhrg. 3/4: H. M. Elster), Coburg (ab 3. Jhrg.: Leipzig):

Schöpfung. In: 3. Jhrg., 1920/21, S. 184—185 [GV].

März. Eine Wochenschrift. Begründet v. Albert Langen und Ludwig Thoma. Geleitet von Dr. Theodor Heuss:

Gerrit Engelke: Die Kunst nach dem Kriege. In: 9. Jhrg., Berlin/München, Jan.—März 1915, Bd. 1, S. 166f.

Stoßgebet. In: 10. Jhrg., Berlin/München, April—Juni 1916, Bd. 2, S. 76 [GV].

Betrachtungen. In: 10. Jhrg., Berlin/München, April—Juni 1916, Bd. 2, S. 236f.

Das Neue Pathos. Berlin[3]:
Alles in Dir. In: 1. Jhrg., 1913, H. 5/6, S. 10—11 [GV].
Alles zu Allem. In: 1. Jhrg., 1913, H. 2, S. 12 [GV].
Der Mann spricht: ... In: 1. Jhrg., H. 2, S. 13 [GV].

Niedersachsen. Illustrierte Halbmonatsschrift für Geschichte, Landes- und Volkskunde, Sprache, Kunst und Literatur Niedersachsens (Redakt.: Hans Pfeifer). Bremen.:[4]
Kriegswerk. In: 21. Jhrg., 1915—1916, S. 202 [GV].
Kugelsegen. In: 21. Jhrg., 1915—1916, S. 225 [GV].
Feierabend im Ruhequartier. In: 21. Jhrg., 1915—1916, S. 311 [GV].

Nyland. Vierteljahresschrift des Bundes für schöpferische Arbeit:
Der rasende Psalm. In: 1. Jhrg., 1918, H. 1 (Herbst) [GV].
Romanze. In: 1. Jhrg., 1918/19, H. 2 (Winter) [GV].
Sonne. In: 1. Jhrg., 1919, H. 3 (Frühling) [GV].
An die Soldaten des großen Krieges. In: 2. Jhrg., 1919, H. 1 (Herbst) [GV].
In Flut und Licht [GV]/Tagebuchblätter aus der Zeit des Krieges. In: 2. Jhrg., 1920, H. 3 (Frühling).

Quadriga. Vierteljahresschrift der „Werkleute auf Haus Nyland":
Dampforgel und Singstimme. 2. Jhrg., 1914, H. 8, S. 500—527 [GV]: „O göttliche Benommenheit", „Stadt", „Der Briefbeutel", „Bott braust!", „Auf der Straßenbahn", „Lokomotive", „Seele", „Katzen", „Der Zwerg", „Herbst", „Zu viele Menschen, zu viele Straßen", „Ich weiß: Ich bin ein Leben", „Wie bin ich heute seelig", „Weltgeist", „Das Weltrad", „Ich will heraus aus dieser Stadt", „Nachtgedanken", „Der Mann spricht", „Allheimat", „Ich möchte hundert Arme breiten", „Brand".

---

3 Genauere Angaben zu dieser/diesem Zeitschrift/Jahrbuch sind zu finden in:
Schlawe, Fritz: Literarische Zeitschriften. Teil 2, 1911—1933. Stuttgart 1962.
Raabe, Paul: Die Zeitschriften und Sammlungen des literarischen Expressionismus 1910—1921. Stuttgart 1964.
Dietzel, Thomas/Hügel, H.-O.: Deutsche Literarische Zeitschriften: 1880—1945, Bd. III, Nr. 1647—2466. München/New York/London/Paris 1988.
4 Durchgesehen sind die Jahre 1911—1922 (17.—27. Jhrg.).

III. Gedichte Gerrit Engelkes in Anthologien[5]

1. Anthologien zur Arbeiterdichtung/Schulbücher

Ballhausen, Hans (Hrsg.): Wir Werkleute all. München-Gladbach o. J. (1930).
Bender, Ernst: Deutsche Dichtung der Neuzeit ... Oberstufe. Karlsruhe 1929.
Lokomotive, Lied der Kohlenhäuer, Allheimat, Ich möchte hundert Arme breiten, Ein herbstlich Lied für Zweie, In Flut und Licht, An den Tod.
Bode, Dietrich (Hrsg.): Gedichte des Expressionismus. Stuttgart 1966.
Schöpfung, Mensch zu Mensch.
Deutsche Gedichte. Von Goethe bis zur Gegenwart. Berlin, Leipzig 1946.
Lied der Kohlenhäuer, Ich will heraus aus dieser Stadt, Stadt.
Deutsche Lyrik. Hrsg.: Ausschuß des Lehrerverbandes Berlin. Berlin, o. J. (nach 1945).
Ein herbstlich Lied für Zweie.
Diederich, Franz u. Siemsen, Anna: Vom unten auf. 3. Aufl., Dresden 1928.
Saaten säen, Lied der Kohlenhäuer, Der Tod im Schacht.
Dietrich, Dr. Wilhelm (Hrsg.): Soziale Lyrik. Eine Auswahl mit Einführung, Dichterverzeichnis und Literaturnachweis. Ferdinand Schöninghs Dombücherei. Schülerhefte von deutscher Art, Heft 116, Paderborn/Würzburg um 1932.
Mensch zu Mensch.
Frankfurter Anthologie. Gedichte und Interpretationen. Hrsg.: Marcel Reich-Ranicki. Bd. 5, Insel-Verlag Frankfurt 1980, S. 195 ff.:
Frühling
Hamacher, Lambert: Schaffende Hände. Ein Buch der Arbeit. Paderborn 1948.
Lied der Kohlenhäuer.
Heintz, Günter (Hrsg.): Deutsche Arbeiterdichtung 1910—1933. Stuttgart 1974.
Der Mittler, Die Rede des Dichters vom Berge, An die Soldaten des großen Krieges, Die Fabrik, Auf der Straßenbahn, Lokomotive, Stadt, Weltwege, Ich möchte hundert Arme breiten, Nachtgedanken, Blut-Strom, Sonne, Seele, Kind, Dreizehn Jahre alt.
Heselhaus, Clemens: Lyrik des Expressionismus. Tübingen 1956.
Stadt, Der Tod im Schacht, Es hebt die Brust ein neues Atmen.
Hesse, Otto Ernst: Das Ruhrrevier in der deutschen Dichtung. Berlin 1923.
Der Tod im Schacht, Lied der Kohlenhäuer, Weltgeist.

---

5 Die Bibliographie der Anthologien besitzt keinen Anspruch auf Vollständigkeit. Nur direkt für die Ausstellung verwandte Literatur wurde berücksichtigt.

Leisinger, Fritz: Kranz des Lebens. Eine Sammlung deutscher Gedichte. 1955.
Ein herbstlich Lied für Zweie, Lied der Kohlenhäuer, Stadt, Tod im Schacht.
Mühle, Hans (Hrsg.): Das proletarische Schicksal. Ein Querschnitt durch die Arbeiterdichtung der Gegenwart. Gotha 1929.
Die Fabrik, Nachtsegen, Ein herbstlich Lied für Zweie, Mensch zu Mensch, Gott braust, Am Meeresufer.
Offenburg, Kurt: Arbeiterdichtung der Gegenwart. Frankfurt 1925.
Schöpfung, Lokomotive, An den Tod, An die Soldaten des großen Krieges.
Poesia operaia tedesca del '900, Feltrinelli Editore, Milano, 1974, 212 S.
Diese erste italienische Veröffentlichung über Arbeiterdichtung enthält 4 Gedichte Engelkes ins Italienische übersetzt: „Der Tod im Schacht", „Die Fabrik", „Abend vor Sonntag", „Vollendung".
Rockenbach, Martin: Rückkehr nach Orplid. Essen 1924.
Das Weltrad, Lokomotive, Auf der Straßenbahn, Zuviele Menschen, Ich möchte hundert Arme breiten.

2. Kriegsanthologien

Krieg in Flandern. Gedichte von Soldaten der 4. Armee. 1. Teil, Stuttgart/Berlin 1917.
Tannenberg.
Rauch, Karl: Feldgraue Ernte. Der Weltkrieg im Gedicht. Berlin 1935.
Zum Marschieren.
Redslob, Edwin: Vermächtnis. Dichtungen, letzte Aussprüche und Briefe der Toten des Weltkrieges. Dresden 1930, S. 160—164.
Schwarz, Wolfgang: Die Frühbekränzten. Worte gefallener deutscher Dichter von Einst und Heut. Planegg MCMXLIII, S. 110—114.
Der Feldsoldat an einem stillen Morgen, Ein herbstlich Lied für Zweie, Tagebuchblätter aus dem Krieg.
Sie alle fielen ... Gedichte Europäischer Soldaten. München/Berlin 1939, S. 49.
Der Feldsoldat an einem stillen Morgen.
Volkmann, Dr. Ernst (Bearb.): Deutsche Dichtung im Weltkrieg 1914—1918. Leipzig 1934, S. 153, 277.
An den Tod, Nach schwerem Traum, An die Soldaten des großen Krieges.
Westecker, Wilhelm: Die Trommel schlug zum Streik. Deutsche Gedichte zum Weltkrieg. München 1938, S. 28.
Zum Marschieren.
Ziesel, Kurt (Hrsg.): Krieg und Dichtung. Soldaten werden Dichter — Dichter werden Soldaten. Ein Volksbuch. Wiener Verlagsgesellschaft 1940, S. 13.
Der Feldsoldat.

IV. Sekundärliteratur

1. Bücher und Broschüren zu Gerrit Engelke

Blome Hermann: Gerrit Engelke und Hannover. Vortrag, gehalten am 21. 10. 1955. Hannover 1956.

Blome, Hermann: Gerrit Engelke. Vortrag, gehalten am 13. 10. 1958. Hannover 1959.

Blome Hermann: Gerrit Engelke. Einführung zum Gesamtwerk des Dichters. Sonderdruck. München 1960.

DIE HOREN. Junger Literaturkreis, 3. Jhrg., 1958, Nr. 3.

Hüser, Fritz (Hrsg.): Gerrit Engelke. Arbeiter und Dichter. 1890—1918. Dortmund 1958.

Lob und Preis & Schimpf und Schande. Dokumentation der Verleihung des Gerrit-Engelke-Literaturpreises der Landeshauptstadt Hannover am 25. 1. 1980. Erweiterter Sonderdruck aus dem Band 117 der Zeitschrift für Literatur, Grafik und Kritik „Die Horen" (Hrsg.: Kurt Morawietz), 25. Jhrg, Frühj. 1980.

Morawietz, Kurt: „Mich aber schone, Tod" — Gerrit Engelke 1890—1918. Hannover 1979. (In diesem Katalog abgekürzt als MORA)

Schulz, Hans Hermann: Das Volkstumerlebnis des Arbeiters in der Dichtung von Gerrit Engelke, Heinrich Lersch und Karl Bröger. Würzburg 1940.

Schwarzenau, Dieter: Der Dichter Gerrit Engelke. Kiel 1966 (Diss.).

Stratmann, Jutta (Bearb.): Verzeichnis der Archivbestände zu den Arbeiterdichtern Paul Zech (1891—1946), Gerrit Engelke (1890—1918) und Max Barthel (1893—1975) sowie Übersicht über den Nachlaß von Heinrich Lersch (1889—1936) und Katalog zur Ausstellung „Arbeiterdichter zu Krieg und Arbeitswelt": Nachlässe von Arbeiterdichtern der 20er Jahre im Fritz-Hüser-Institut für deutsche und ausländische Arbeiterliteratur. Dortmund 1984.

2. Artikel aus Zeitungen und Zeitschriften über Gerrit Engelke

Bab, Julius: Gerrit Engelke. In: Die Welt am Montag, 3. 11. 1919, Nr. 44.

Bauer, Walter: Gerrit Engelke. In: Welt und Wort, 3. Jhrg, 1948, S. 64—66.

Benzmann, Hans: Gerrit Engelke. Mit 5 Gedichten. In: Hellweg, 1. Jhrg., 1924, S. 103—105.

Benzmann, Hans: Gerrit Engelke. In: Die Grenzboten, 81. Jhrg., 1922, S. 386/87.

Blievernicht, Heinz: Gerrit Engelke. In: Kulturwille, 8. Jhrg., 1931, S. 111.

Bolze, Wilhelm: Gerrit Engelke. In: Ostdeutsche Monatshefte 1922, Heft 10, Bd. 2 (1921), S. 451—453.

Boyer, Jean: Gerrit Engelke. In: Allemagne d'aujourd'hui, 1955, Heft 6, S. 65—68.

Erkelenz, Carl Hans: Frühe Mahd: Gerrit Engelke. In: Der Niederrhein, Mai 1929, S. 6—8.

Franck, Hans: Gerrit Engelke. In: Die schöne Literatur, 13. Jhrg., 1923.

Gerrit Engelke 1892—1918. In: Fyns Venstreblad. 61. Jhrg., 1. 7. 1953.

Goertz, Heinrich: Sprachrohr und Lärmtrompete — doch von was? Eine Biographie Gerrit Engelkes. In: Hannoversche Allgemeine Zeitung, 24. 1. 1980, S. 7.

Habicht, Dr. B. C.: Schulter an Schulter. In: Hannoverscher Kurier. Tägliche Unterhaltungsbeilage, 64. Jhrg., Dienstag, 23. 1. 1917, morgens.

Hahn: Gerrit Engelke als Schüler. In: Volkswille, 4. 11. 1928.

Heinemann, Erich: „Im Baum und Halm fließt meine Seele ...". Erinnerungen an Gerrit Engelke. In: Niedersachsen. Zeitschrift für Heimat und Kultur, 90. Jhrg., August/September 1990, S. 180 ff.

Homuth, Wilhelm: Vom Menschen und Künstler G. Engelke. In: Blätter des Gastbundes früherer und jetziger Lehrer und Schüler d. Staatl. Fr. Wilhelm-Gymn. zu Köln, Febr. 1923, Nr. 3, S. 14—16.

Karstädt, Otto: Gerrit Engelkes dichterische Heimat. In: Markwart, 5. Jhrg., 1929, S. 137—148.

Karstädt, Otto: Gerrit Engelke. Gedenkstunde. In: Der deutsche Volkserzieher, 16. 10. 1938.

Keim, H. W.: Weltrhythmus in der modernen Dichtung. In: Deutsche Rundschau. 55. Jhrg., 1928, S. 71—74.

Kläber, Kurt: Gerrit Engelke. In: Junge Menschen, 3. Jhrg., 1922, S. 105 f.

Kneip, Jakob: Gerrit Engelke. In: Nyland, 2. Jhrg., 1920, Heft 3, S. 165—171.

Kneip, Jakob: Gerrit Engelke. In: Die Masken, 15. Jhrg., 1920, H 8/9, S. 111—129.

Kneip, Jakob: Gerrit Engelke. In: Der Schacht, 5. Jhrg., 1928/29, S. 17—20.

Kneip, Jakob: Rhythmus des neuen Europa. In: Deutsche Allgemeine Zeitung, 23. 10. 1940.

Kneip, Jakob: Gerrit Engelke. In: Niedersächsische Lebensbilder 1, Hildesheim und Leipzig 1939, S. 112—129.

Lampe, Walther: Die Ahnen Gerrit Engelkes. In: Norddeutsche Familienkunde, 1970, Heft 4, S. 370 f.

Lersch, Heinrich: In memoriam Gerrit Engelke. In: Literarische Welt, 5. Jhrg., 1929, Nr. 28, S. 7.

Lersch, Heinrich: Gerrit Engelke. In: Der Schacht, 5. Jhrg., 1928/29, S. 21—23.

Lersch, Heinrich: Über Gerrit Engelke. Rundfunkvortrag, gehalten im Reichssender Königsberg. In: Neuordnung und Tradition, Frühj. 1938.

Die Literarische Welt. Sonderheft „Arbeiterdichtung", 5. Jhrg., 12. Juli 1929, Nr. 28.

Mehlem, Richard: Rhythmus des neuen Europa. Zum 40. Todestag von Gerrit Engelke. In: Cellesche Zeitung, 11. 10. 1958, S. 33.

Meurer, Erwin: Rhythmus des neuen Europa. In: Die Morgenröte, 1924, Nr. 1.

Offenburg, Karl: In memoriam Gerrit Engelke. In: Deutsche Republik, 3. Jhrg., 1928, S. 80—82.

Offenburg, Kurt: In memoriam Gerrit Engelke. In: Westdeutsche Wochenschrift, 3. Jhrg., 1921, H. 29.

Oschilewski, Walther G.: Zum Gedächtnis Gerrit Engelkes. In: Deutsche Republik, 2. Jhrg., 1927, S. 180—183.
Schneider, K. L.: Vergessene Deutsche Dichter (2). Gerrit Engelke. In: Die Zeit, Nr. 28, 12. 7. 1956, S. 8.
Schwerte, Hans: Gerrit Engelke. In: Neue Deutsche Biographie, Berlin 1959, Bd. 4, S. 516f.
Stang, Siegmund: Rhythmus des neuen Europa. In: Stimmen der Zeit, Bd. 102, 1922, S. 317—320.
Sturm, H.: Gerrit Engelke. In: Der Tag, 13. 10. 1928.
Victor, Walter: Bekanntschaft mit Engelke. In: Junge Gemeinde, 10. April 1926, S. 230.
Vogler, Karl: Gerrit Engelke: Über seine Dichtung und seine Zeit. In: Hellweg, 5. Jhrg., 1925, S. 817—820.
Vois, Paul: Rhythmus des neuen Europa. Zum 10. Todestag von Gerrit Engelke. In: Das Unterhaltungsblatt. Sonntagsbeilage zur „DAZ". 14. 10. 1928.
Widmann, Elisabeth: Gerrit Engelke. In: Die Hilfe, 27. Jhrg., 1921, S. 300—302.
Winckler, Joseph: Gerrit Engelke. In: Das literarische Echo, 24. Jhrg., 1921, Sp. 272—277.
Winckler, Joseph: Gerrit Engelke. In: Kölnische Volkszeitung, Nr. 271 v. 6. 4. 1919, S. 1.

V. Themenbegleitende Literatur

Bab, Julius: Kunst und Volk. Heft 3. Arbeiterdichtung, Berlin 1924.
Bröger, Karl: Was ist „Arbeiterdichtung". In: Literarische Blätter, Beilage der Kölnischen Volkszeitung v. 16. 4. 1939, Nr. 104, S. 7.
Frerking, Johann: Deutsche Lyrik 1900—1950. In: Frankfurter Allgemeine Zeitung, 27./28. 2. 1954.
Günther, Herbert: Künstlerische Doppelbegabungen. München 1960.
Hoyer, Franz: Die Werkleute auf Haus Nyland. Diss. Freiburg 1939, S. 89—114.
Hüser, Fritz: Kommentar zu dem Buch „Spiegel unseres Werdens", Hrsg.: Schwachhofer, René/Tkaczyk, Wilhelm. Berlin 1973. In: Germanistik. Internationales Referatenorgan mit bibliographischen Hinweisen, 14. Jhrg., 1973, Heft 2.
Jost, Th.: Mechanisierung des Lebens und moderne Lyrik. Bonn 1934.
Kemper, Hans-Georg/Vietta, Silvio: Expressionismus. München 1983.
Österreichische Gesellschaft für Kulturpolitik (Hrsg.): Arbeiterdichtung. Analysen — Bekenntnisse — Dokumentationen. Wuppertal 1973.
Stieg, Gerald/Witte, Bernd: Abriß einer Geschichte der Deutschen Arbeiterliteratur. Stuttgart 1973.

Trunz, Erich: Arbeitertum und Dichtung. Die großen Sänger ... In: Hochschule und Ausland, 13. Jhrg., 1935, Heft IX, S. 48—62.

Eine weitere umfangreiche Bibliographie ist zu finden in: „Gerrit Engelke. Arbeiter und Dichter. 1890—1918". Hrsg.: Fritz Hüser, Dortmund 1958, S. 32—42, zusammengestellt von Hedwig Bieber. Sie nennt zahlreiche Gedichtanthologien und Zeitungsartikel, die hier nicht berücksichtigt wurden.

G. Abbildungsnachweis

	Abb.-Nr.
Dortmund, Fritz-Hüser Institut für deutsche und ausländische Arbeiterliteratur:	32, 33
Hamburg-Blankenese, Richard-Dehmel-Haus:	17
Hamburg, Staats- und Universitätsbibliothek Carl von Ossietzky:	21
Hannover, Bundesbahndirektion:	6
Hannover, Continental Aktiengesellschaft:	5, 22
Hannover, Gerrit-Engelke-Gedächtnis-Stiftung:	2, 3, 4, 7, 11, 12, 16, 19, 20, 23, 28, 29, 34
Hannover, Historisches Museum:	14, 15, 25, 26
Hannover, Kestner-Museum:	8, 13, 24
Hannover, Neue Presse (Rainer Dröse):	38
Hannover, Stadtarchiv, Nachlaß Dr. Walther Lampe:	1, 18, 30, 31, 36, 37
Hannover, Theatermuseum:	9
Hildesheim, Universitätsbibliothek:	27
München, Bayerische Staatsbibliothek:	35
Privatbesitz, Foto: Historisches Museum, Hannover:	10

Copyright

Für die freundliche Genehmigung zum Abdruck von Briefen und Handschriften gilt mein Dank:
der Gerrit-Engelke-Gedächtnis-Stiftung e.V., Hannover; dem Stadtarchiv, Hannover; der Staats- und Universitätsbibliothek Carl von Ossietzky, Hamburg; Herrn Bernt Engelmann.

Leihgeber	Nr.:
Bayerische Staatsbibliothek, München:	30, 190
Annelies Brader, Hannover:	216
Bundesbahndirektion Hannover:	14
Continental Aktiengesellschaft, Hannover:	12, 13, 111, 142
Bernt Engelmann:	166
Hans Firzlaff, Hannover:	229
Fritz-Hüser-Institut für deutsche und ausländische Arbeiterliteratur, Dortmund:	140, 167, 187, 197, 199, 217

Historisches Museum, Hannover:	7, 28, 51, 53, 54, 138, 145
Kestner-Museum, Hannover:	24, 47, 122, 123, 137, 179
Neue Presse, Hannover (Rainer Dröse):	231
Niedersächsische Landesbibliothek, Hannover:	62, 114, 150, 162, 164, 191, 217
Privatbesitz:	29
Richard-Dehmel-Haus, Hamburg-Blankenese:	64, 66, 201
Schiller-Nationalmuseum, Deutsches Literaturarchiv, Marbach am Neckar:	132
Staats- und Universitätsbibliothek Carl von Ossietzky, Hamburg:	63, 65, 87, 88, 92, 126, 176, 198, 206
Stadtarchiv Hannover:	6
Stadtarchiv Hannover, Nachlaß Dr. Walther Lampe:	4, 8, 10, 21, 23, 43, 68, 73, 74, 89, 93, 94, 98, 129, 192, 193, 195, 196, 210, 214, 215, 217—220, 222—226
Stadtbibliothek, Braunschweig:	203
Stadtbibliothek, Hannover:	20, 204
Theatermuseum, Hannover:	27
Universitätsbibliothek, Göttingen:	86, 104, 107, 189, 202
Universitätsbibliothek, Hildesheim:	217

Alle weiteren Exponate stellte die Gerrit-Engelke-Gedächtnis-Stiftung e.V. zur Verfügung.